U0928223

怀念20岁，害怕30岁

［韩］李钟燮 著
刘占凤 译
胡小妍 校译

金城出版社 GOLD WALL PRESS
西苑出版社 XIYUAN PUBLISHING HOUSE

图书在版编目（CIP）数据

怀念20岁，害怕30岁 /（韩）李钟燮著；刘占凤译 . —北京：西苑出版社，2014.3

ISBN 978-7-5151-0412-6

Ⅰ . ①怀…　Ⅱ . ①李…　②刘…　Ⅲ . ①成功心理－青年读物　Ⅳ . ① B848.4-49

中国版本图书馆 CIP 数据核字（2013）第 284351 号

怀念20岁，害怕30岁

著　　者　［韩］李钟燮
译　　者　刘占凤
校　　译　胡小妍
责任编辑　李　涛
出版发行　西苑出版社
通讯地址　北京市朝阳区和平街11区37号楼
邮政编码　100013
电　　话　010-52470795
传　　真　010-88637120
网　　址　www.xiyuanpublishinghouse.com
印　　刷　北京龙跃印务有限公司
经　　销　全国新华书店
开　　本　710毫米 × 1000毫米　1/16
字　　数　240千字
印　　张　16.5
版　　次　2014年3月第1版
印　　次　2014年3月第1次印刷
书　　号　ISBN 978-7-5151-0412-6
定　　价　32.80元

（凡西苑出版社图书如有缺漏页、残破等质量问题，本社邮购部负责调换）

前　言

一、青春的本质就是迷茫

诗人塞缪尔·乌尔曼（Samuel Ullman）在《青春》（*Youth*）中说："不能定位于某一个时期，青春是涌动着深沉的意志、恢宏的想象和炽热的感情的时期。80岁也是常青不败的青春啊！"我们所想的青春会不会就是"嫩芽长满树枝，所带来的绿色春天般的'人生的一个时期'"？这个时期，就算是不去刻意装扮，也是比任何人闪耀的时期，也可看作是最有朝气、最应该以热情对待的人生的一个时期。但最近看来，很难找到光芒闪耀的青春。现在的青春不是绿色，而是已经泛黄，被灰蒙蒙的颜色所围绕。对于这样的说法，青年们会说"不是啊"，现在的青春所得到的是怜悯的眼神。不论古今中外，"最近的年轻人"都是被骂的对象。没有教养，没有热情，没能力还不上进，都是展现给外界的表象。这些现象体现在了埃及古时候的壁画上，也表现在了2011年的韩国……

也听到过类似"老一辈人对20多岁年轻人的要求又高又多"这样

的话，听上去老一辈人想要的是循规蹈矩的、谦谦君子般的、严肃的人才。我们从10多岁跨越到20多岁的时候，会有一种“逃离地狱般的考试战场，解放了”的感觉。但是，这也只是暂时的。20多岁的青年们还没来得及享受这种自由的时候，就又要赶赴学业和工作的战场。我要表达的并不是“年轻人就一定要闲着”的意思，也不是“20多岁的青年一定要玩”的意思。只是，为20多岁的青年们在没来得及享受青春带来的自由时，又重新回归战场而心痛罢了。

可能是为了反映这样的事态，最近，如果你去逛书店的话，就会发现书店的书架上，关于青年励志的书籍琳琅满目。好像大部分图书的共同口号都能简略成一句话：“全身心地投入吧，这一生只有一次的青春。”在书里得到力量的青年，将自己的特权缩略成“热情”和“魄力”，呐喊着“我也可以”。

为什么会有这么多关于青春的书籍呢？可能是因为对紧随“青春期”之后到来的“青年期”有点懵懂不清。

二、向往而又惧怕的人生路上，需要的是你前行路上的里程碑

是的，就是这一点让20多岁的青年如此辛苦。为了不清晰的未来，要通宵达旦地在图书馆努力于托业（TOEIC）考试的复习，还有不知从何时起变成必修课的社会服务，还有欠着债也必须做的语言研修，这些都成了青年们的必经之路。为了累积知识，积攒经验，能在简历中多填上几笔，青年们倾注着自己所有的心血。但令人伤心的

是，准备得这么精细，却还存有“我能取得成功吗”的不确定心理。现在对于20多岁的青年，青涩的恋爱已成为了奢侈，与别人的比较，竟让他们产生了对爱情的免疫反应。

我在之前的十年中，通过接触很多感到不安和不幸福的青年，整理出了几个关键点。现在开始我要讲的故事，是为了帮助处于苦恼和备受痛苦中的青年们所写的。希望青年们看了之后，可以得到重生与自由。还讲到了我们的青春要比谁都要自由，要维护自已炽热青春的权利。但书中将青年们的问题解剖出来后，并没有提示紧急有效的解决方法，只是想对20多岁的青年需要享受的热情与权利给予帮助。正在彷徨中摇摆的你，能够仔细思考书里提出的主题或主张的话，将会帮助你重新锁定人生的方向。

因此，我为看不清前行道路而迷茫的青年们，讲出这31个故事。希望你在这“现在身在何处？去往何方？前方还有多少路程？”等都不可判断的路中央，以展开地图般的心情，仔细阅读这31封信。

现在还不晚。站在青春期的各位，希望你们可以勇敢地战斗。

〓

青春不是骄傲，青春是一种艺术。

——［英］奥斯卡·王尔德

目　录

第1封信

你现在处于什么位置，在做什么

我们今天也在为改变自己而努力着。为了改变人生，天没亮就要起床，感受倦意，随身带着不熟悉的工作日程记录本，将时间分成1分甚至1秒来计划一天的工作。就像成功的人才会那么做一样，我坚信改变我自己才是带动人生的原动力。

是的，这话是有道理的。在我们这个时代，变化是比任何东西都重要的概念。尤其是只要将决心转变为积极的心态，会是无比好的事情。但是，在谋划变化之前，有一个必须要思考的问题。

那就是弄清楚“我是谁”这个问题。

先要明白我是谁，是做什么的，从哪里来又要去向哪里。

如果处于对自己的认识和整体性都不能充分理解的状态，那什么样的变化都会成为没有意义的事情。在缺乏自我反省能力的状态下企图变化，犹如想用水来雕刻出优秀的雕像作品的荒谬想法。我们先要好好思考自己是水，是冰，还是石头，然后再去考虑该怎样变化。

像这样“我是谁”会成为设计人生的根本。教育专家金世宇院长在他的《远见》中这样说：

> 我从内心找到了我自己带有的几种问题的原因。特别是“我是谁”这个问题，是带给今天我拥有的信念与价值观的无价之宝。

然后，提出了以下的问题：

“对于父母，我是谁？”

“对于兄弟姐妹，我是谁？”

“对于朋友，我是谁？”

“在组织里，我是谁？”

……

何止这些，我喜欢的食物或颜色是什么、想去的地方是哪里、不喜欢什么、什么会让我感觉幸福或忧郁等，思考着这些，有必要整理清楚自己真正的想法。

但是，有时对于现在的青年来说，那种余暇或许更接近于奢侈。

事实上，我们在探索自己的事情上很吝啬。所以，在聚会时，对于自我介绍很有负担感或写几行自我介绍都感觉很困难。在被别人问到“你到底是谁”的问题或面临自我介绍的情景下，踌躇半天后，竟以自己的职业或是自己所属的团队来回答。这虽然说明缺乏对自己的认识，也是因为自己对自己的人生命运没有把握。

在韩国，使“余暇专家”的名称流行化的金正云教授这样说：

> 没有比不能意识到自己的存在更值得悲哀的事情了。“意识到自己存在”的方式，在心理学上叫做“identity”，就是说将某种事物和自己等同看待。“意识自我的存在”的不断努力就是人生的内容……所以，人们都想以多样的方式来诠释自我的存在，自己做的工作、社会关系等，但世上最傻的事情莫过于用社会地位来诠释自己的存在。

难道“我是谁”这个问题，就只有“我是管理学专业的×××”或“我是在外企做销售工作的×××”这些答案吗?

“我是谁”这个问题其实还包含着“我应该怎样去生活”这个事实，即对于“我是谁”这个问题的各种答案就是对“应该怎样谋划我的人生”的价值观和信念。在这里需要注意的是，对我而言，“幸福人生是什么”和“成功的人生是什么”问题的自我反省，就能决定我们将要一起讨论的青春的意义。在这本书里不断抛出的问题和答案，就从这里开始。

=

相比对过去的执着，我们活在对未来的希望中。

——［英］乔治·爱德华·穆尔

第2封信

青春，该忠实于梦想的时期

如果有人问你什么是成功的人生，你该怎么回答呢？尽管每个人定义成功的标准不同，但通常意义上的成功没有什么大的差别。

这里以A和B的人生故事来说明。

A出身于富裕家庭，从小被誉为天才。毕业于国内最好的名牌大学，又在哈佛大学留学，获得博士学位。他回韩国之时可以说是常胜将军，得到了国内数一数二大企业的录用，拥有数亿韩元的年薪，买了豪宅豪车，娶了位美丽的妻子，举行了豪华的婚礼。他成为所有人羡慕的对象，同时达到了自己事业所期待的成功顶峰。可是，数亿韩元的年薪得之不易，他的工作强度非常大。要想把一天的事情处理完，睡眠时间就不足三小时，甚至没有周末。

A挣了很多钱，却连大把花钱的时间都没有，但他坚信投身工作就是幸福。这就是所谓的“工作狂”。他在二三十岁时一直这样坚信。他到40岁时成为公司总经理，这之后，他的工作压力更大了。迫于经营压力，他患上了忧郁症，甚至于影响了家庭生活。50岁时他从总经理的位子上下来，离职退休。原本想着退休后就能随心所欲，A费尽心思，想愉快地生活。可是，一辈子只知道工作的他面对大把大把的空闲时间，对要做什么感到非常茫然。

他的一生，休闲或兴趣爱好离得都很远。一辈子确实挣了很多钱，但大部分投资于住宅楼、公寓等不动产，就没有留在手头花的念头。甚至他的妻子几十年来早已习惯了一个人过日子，突然间整天面对丈夫，一起生活，反倒不习惯了。不仅如此，长大成人的两个子女到海外留学后，就留在当地安家乐业，已经有十年没见过了。

A对自己的生活越发焦躁，虽然试着去寻找能做的工作，但很难适应，一年都没能坚持下来。一辈子习惯了团体生活的人，突然间成了独自一人，要想适应是很难的。

而从小过着平凡生活的B，在学校学习成绩中等。因考大学时要根据成绩选报学校，B只能就读于首尔一所二流大学，后来一毕业又成了无业者，在这期间他能做的只有读书。他终于受不了父母的唠叨，去了家小企业就职。但他很苦闷，因为他从事的工作与他的个性不符。迫于就业压力，他不得不硬着头皮开始工作，这也埋下了隐患。实际上，他的梦想是环球旅行，做个写文撰稿的旅行作家，可是他不能辜负周围所有人对他的期望。如此几年间，他一边工作，一边挤出时间，把旅行当作兴趣休闲。

几年后，已经30岁的B出版了与旅行相关的图书，一跃成为旅行作家。B抓住这个机会，放弃了公司的工作，做起了专职旅行作家。虽然这份工作不是能挣大钱的工作，但对他来说，最幸福的时候就是旅行之后，把感悟化成文字的那个时刻。B和在旅行中结识的女孩结婚了。他这样计划着自己的一生，一边和妻子一起旅行，一边写文章作为职业。对他而言，还有第二计划。他打算从40岁开始做导游，为此他努力学习语言。他每周有三天去画室学习绘画，因为他想在自己的书里，插入自己画的插图。到了50岁，为了孩子们，他还打算挑战做漫画家。一生都在接受挑战的B，每天都过得很忙碌。

你想在A和B的生活方式中选择哪一种呢？也许你想说，A和B，无论选哪一个人的生活方式都可以说是成功的一生。按照将人的生活规范化的标尺，区分成功和失败是没意义的。但是我们过日子，或许会说“那个人是成功人士”、“我什么时候能成功啊”，像他们一样的人生是我们的梦想。

我曾经为所谓成功的人生是什么而苦恼。

往往有高学历、好工作、丰厚的薪水或成为CEO挣很多钱，拥有盛名和权力，我们称之是成功的人生。实际上，我们对处于这些地位的人无比羡慕，是因为我们对无法拥有的东西充满憧憬。

对这种意识，中国上海市精神卫生中心的精神病医学研究院院长肖泽萍说：

> 中国人没有休息日或休假，只埋头工作，所以越来越累，对人生变得漠不关心，因为要有钱。上海人只关心工作和收入，因为这决定着他们是不是成功人士。如果失业，那个人就会觉得自己一无是处，没有存在的价值。其实这并不是什么丢脸的事。

难道说，只做睡觉用的豪宅，一次都没有消费过的巨款，天天没有一件自己真正想做的事，这样真的能感受到幸福吗？

《你能不能不工作》（*The Joy of Not Working*）的作者厄尼·泽林斯基（Ernie J. Zelinski）对成功的人生有如下评论：

> 为了过上高水准的生活，周边的一切都是必要的。可是这只是为了生活上的便利，而无其他意义，这不能成为幸福的根源。我们拥有的物质、我们居住的房子、我们的职业都是次要

的。以劳动的时间或财产的多少来评判成功与否是不妥的。最终对今天的我们来说最重要的是“一边追求什么样的价值，一边怎样生活”。什么都学一点，开怀大笑，快乐度日，对周边事物表现出足够的爱心，这就是人生的核心。

成功的人生，自觉着每个瞬间都能感到幸福。若只有“总有一天能成功”的期待，也许一时不能成功；仅仅有“总有一天能幸福”的信心，也不能期望一辈子幸福。

为了老年生活的富足和幸福，年轻时代抛弃所有的快乐，只热衷工作，这是最近我们青年人的面貌。这不仅仅是由于人的欲望。只是这些钝化了现在的生活，像找些稍微更刺激一些的、与众不同的新世界降临的茫然，像在树叶中找一只青鸟那样只能乱扑棱。

如果说愉快过日子，享受幸福人生是成功人生的指标的话，我们从现在开始就该为了更幸福而努力。可是，真正的幸福在哪里？如果现在不幸福，就不能说拥有幸福的未来，即只有现在幸福，一生才能都幸福，才能成功地前进。

那么，我们在哪里，又该如何去寻找青春的幸福呢？

二

真正的青春的梦想。

——［德］卡斯帕·大卫·弗里德里希

第3封信

若不想受危险，就要逃离致命的危险

“我每天都不得不上班。”

“那干脆就别做了。”

亮平皱着眉。这是玩笑？还是劝慰？

“反正面对压力还努力工作，有些荒唐，随大流的做吧，这是最好的。”

——节选自奥田英朗的小说《町长选举》

最近的开车新手真是方便多了。不过几年前，还没有旅行汽车，到哪儿都是小汽车，长途旅行是想都不敢想的事。驱车从市内出发之前，只看里程表就能很快找到路，但出了城市稍微往外开一点点，差不多十分钟就要停一次车，拿着地图确认一下现在的位置。如果有善于看地图的朋友还好，能告诉你走这边还是走那边，但是要是一个人独自开车，那就没办法了，因为那时完全依靠地图来移动。

但现在怎么样呢？每台汽车基本上都安装了导航仪，甚至告知堵塞路段的服务都有了。现在，不能不说“只坐在驾驶座的话，就不认路”的时代来了。只要设定目的地，然后按着导航仪给的路线，转动方向盘就可以了。导航仪还能亲切地、详细地告知你“到目的地还有几千米”、“到目的地需要多少时间”等等。

有了这样好用的导航仪，偶尔我们也会想，如果我们的人生也这样，有一个只要指定目的地，就能亲切指导怎么走的人生导航仪就好了。

无论是谁，活着就会定一个目标，然后向着目标努力前进。但是就像在导航仪中输入目的地一样，等于是确定了人生目标，到达目标之前，所经过的路程和走的弯路，都要自己去承受。一条条的道路，不是跟着某人的指导就能到达的，所有的路都要自己选择和决定。承担这个人生的导航仪功能的就是“关心”。

此时此刻，你的“关心”藏在哪里？昨天的关心是什么？今天的关心又是什么呢？试着想一想吧。

关心是不知飞向何处的橄榄球，或是像随风飘荡的芦苇一般。今天是毫不关心的领域，明天可能转眼间就产生关心了。关心是不同于一阵风一般的流行的别样感情。像梦一样，即使忘记，也会在某个瞬间突然苏醒。而且即使关注于某种事物，也会绕着弯子想着自己的关心对象，这是分辨的标准。因此，如果看到某事物，认为对自己没有影响力的话，或许就可以说“我对它不关心”。

做大事或小事都始于微小的关心。幼儿在图画纸上画画，开发治疗全世界人民疾病的疫苗，都是始于微小关心的事。因而，关心具有从小到大慢慢加深的特征。

大部分人认为年轻人只关心极其有限的事情，其实不然。在某些方面，由于受到小刺激，由漠不关心发展为深切关注的事例也是有的。

看了精彩的演出，对演员的生活产生兴趣；听了精彩的音乐会，对乐器演奏产生兴趣。从微小的关注开始，最终可能达到专家水准。丰富的经验和想象力创造了其他关注点，而这种关心会立刻对火热的人生产生影响。

关心更是如此，因为这样能自主地选择自己喜欢的事情而充满活力。

自己喜欢的事情和别人支使做的事情是有根本区别的，因为前者不用强制就能全身心地投入。

年轻的时候，在对梦想和前进方向感到苦闷的时候，谁都免不了有只有自己特别关注的事情。谁都曾经说过想当总统、钢琴家、科学家等，以此表达自己的梦想。有很多人可能说的时候连那些是什么都不知道。可是随着年龄增长，人们关心的事情变得具体化了。喜欢运动的孩子把成为足球运动员、棒球运动员或者高尔夫运动员定为自己的梦想。被电视上出现的医生或律师形象所迷倒的孩子可能马上改变梦想。看着电影，想成为光鲜亮丽的电影演员，也梦想着成为开着豪车的企业家。但是大体上小时候的梦想长大之后能实现的概率是小之又小。实际原因或许是为了实现梦想而做的努力还不够，又或许是梦想太过于渺茫。

可是成年后把关心的事情变为现实的概率大大提高，因为成年后很少有人还说梦想是当总统吧。

渐渐地，我们开始把想做却不可能实现的事情变为现实。

人的一生，以始于“关心”终于“选择”的构造进行着。关心好像和孩子们玩的乐高积木一样，各种样子不同的积木拼接在一起，可以造一所住宅，也可以盖医院和学校，有时甚至能诞生凶巴巴的蚂蚁军团。

当然积木不能自己呈现出某种模样，它需要发动人的想象力和创造力，按照自己的想法，将积木堆砌，把自己心中的模样一点一点展现在眼前。人一生中的“关心”就像是把无数的积木分开，再聚合，构成人生的主线。正如一块块的积木是构成整体的重要因素，这是它们各自的作用。

迄今为止，我一直以来的生活，也是始于微小的关心，像热气球逐渐充满那样。小时候，我相当内向，少言寡语。现在这样以腹式呼吸来发声，在无数学生面前口若悬河进行讲演，也是从微小的关心开始的。

二

世界上最危险的事就是为了完全逃避危险而做的事。

——爱因斯坦

我上高中的时候，有一次在社区教堂举办的圣诞表演中扮演了主人公，以此为契机，我开始对表演感兴趣。可是那时对于普通学生来说，开设表演系的大学是想都不敢想的，同时，读一个能成为电视剧演员的学校也非常难。

“上了大学，一定要参加表演社团，继续演戏！”

结果，考上大学计算机系的我，入学后首先参加了表演社团，在从此开始的业余表演活动中投入了我所有的课外时间。别人看了都说表演是我的专业，而计算机才是业余，由此我对演戏热衷的程度可见一斑。

至今回忆起来，可以说那段时光是我人生中最激情澎湃的岁月。之后转了专业，将表演作为我一生最关心的事情。那是奉献一生和全身心投入的事业。我勇敢地离开以前的学校，开始投入表演学习。这件事始于关心，接连挑战。

可是，不同于我的热衷，周围的视线非常冷淡。朋友们开始嘲笑我，一个个地离开了。手头的钱甚至连报名费都不够，我不得不在寒冷的冬天，凌晨4点起床，暖一下冻僵的手，到洗车场去洗车赚钱。随后参加了录取率70:1的戏剧电影系的考试，并最终荣幸过关。关心和挑战带来的新生活展现在了我的眼前。

如此，我开始了表演的专业学习，由业余发展到职业。当然，现在的我，已经从做演员转向了做培养演员的教育者，但是我的关注并没有停止。从演出策划、展览策划、电影制作、剧本创作，到20多岁年轻人的导师，不断地将关心变为挑战，抓住挑战中的实施错误，勇敢地实行到底。我的关心的动力就是热情地进行行动的动力。

年轻的人们，如果今天有了新的关心的事情，希望你们能试着投入你们的热情。那是不是正确的，经济上是不是能获益，这些都没有必要探究，只要随心所欲地投入激情就可以了，说不定这个不起眼的尝试能开启你一生的事业。对一闪而过的关心事物也不要只是干巴巴地望着，要毫不犹豫地一把揪住，从方方面面考虑这会对自己的生活产生什么影响，这难道不是生活真正的意义吗？

人生就是充满着“成为什么”的动感的过程。去年在自己关心的领域没有什么增加的话，现在还以过去的思考方式重复着相同的经历，还是从前可预测的一贯反应的话，你的生活虽生犹死。

美国将军麦克阿瑟曾强调要不断拓宽自己的关心领域的必要性。但是如今的我们是怎么做的呢？比起关注的事情，人们更急于谋生，这是依照“需要”而不是“关心”来作选择和决定。人们习惯于适应着严峻的人生，以致连微小的日常梦想都不翼而飞。李外秀先生也说“我不流，时不流”，即我不行动的话，时间也不流动。在流动的“关心”里，存在感才苏醒了，即“关心”是生活的证据，也是生活的动力。

再次仔细看看自己，试着深思一下自身对什么方面有爱憎和关心吧。

三

什么事都容忍的年轻人什么事也不能容忍。

——［爱尔兰］萧伯纳

第4封信

重要的是，你如何成为你自己

黄色的树林里分出两条路，
可惜我不能同时去涉足，
我在那路口久久伫立，
我向着一条路极目望去，
直到它消失在丛林深处。

但我却选了另外一条路，
它荒草萋萋，十分幽寂，
显得更诱人、更美丽，
虽然这两条小路上，
都很少留下旅人的足迹。

虽然那天清晨落叶满地，
两条路都未经脚印污染。
呵，留下一条路等改日再见！
但我知道路径延绵无尽头，
恐怕我难以再回返。

也许多少年后在某个地方，
我将轻声叹息把往事回顾：
一片树林里分出两条路——
而我选了人迹更少的一条，

从此决定了我一生的道路。

——［美］罗伯特·弗罗斯特

这是罗伯特·弗罗斯特（Robert Frost）的诗《未选择的路》（*The Road Not Taken*）。可以说，这是一首很好地表达了不能同时去往两条路的人生道路上的选择和遗憾的诗歌。与此有异曲同工之妙的是20世纪90年代非常流行的一个电视节目。节目里，把当时被称为"神人"和"超人"的李辉才放置在选择的岔路口，以分成两队来讨论的方式展现，我的记忆中是相当有人气的一档节目。每次李辉才都经历着面临某种情形，矛盾激发，必须二者选一的情况。每当这时，出现的李辉才或黑或白，仿佛换了个人。

这就像是恶魔与天使。一时成为流行语的李辉才的台词"好吧，下决心啦"成了站在岔路口面临选择，必须作出决断时要呼叫的话。这样，从这一刻起，根据选择的不同就会展现不同的命运。虽然看上去像是微型小说，根据主人公作何种选择，观众们一边看着相反的结局，一边啼笑皆非。1998年上映的电影《双面情人》（*Sliding Doors*）中，主人公海伦被解雇后回家的路上，是坐地铁还是不坐地铁？随着决定的不同，一个人的命运也发生了致命的转折。

我们同样无论何时都处在选择的岔路口。去饭店会为选炸酱面还是杂拌面而矛盾，甚至有选冷面还是拌饭的苦恼。不仅仅是饭店的菜单问题，我们每天都面临着已知或未知的选择机会。从早上起来决定穿什么衣服开始，坐地铁还是公交车，和朋友什么时候、在哪见面，这些都要选择。头发样式是长是短，要不要烫发，也必须要选择。和朋友见面是看电影还是看演出同样需要选择。不止如此，上大学该选择学什么专业，做专业对口的工作还是完全不相关的工作，都要选择。还有去找工作还是自己创业，选谁做配偶，这些都必须作出选择。

可是在这无数的选择中，大部分的选择就像什么事都没发生一样过去了。多数人只是按照取向、感觉来决定，有时也随便接受别人强加的选择。这样，对另外的结果没有什么特别的拒绝感，只是顺从而已。认命而接受的情况也很多。但是，很多时候无论多小的选择都会产生巨大的波长。巴西的蝴蝶偶尔扇动几下翅膀，可以在两周以后引起美国德克萨斯州的一场龙卷风，正所谓“蝴蝶效应”。

偶尔，我会产生“如果我不选择表演，而是顺应已有的生活，会是什么样子”的想法。顺从“男孩子绝对要上理工大学”这样保守的家庭教育，继续学习计算机专业的话，毫无疑问，绝不会有像今天这样有滋有味的生活。在诸多社团之中，如果没有选择表演社团，那么，为了转专业，高中毕业五年后再次重新考大学，这样的想法做梦都不会有。

不止如此。如果我没有转行做表演教育，而是继续做演员的话，真是无法想象现在的样子。当时我的选择是必然的或是自然生成的，回想起来，每次都是恍惚的瞬间。正所谓“人不能预测未来”，现在的选择也许会对今后产生某种“蝴蝶效应”。

美国的心理学博士伍尔本在他的《人生的目标》一书中说：

我们在做某种选择之前还什么都没发生。大家看一下周围吧，再看看大多数人的人生发生了什么事。几乎没发生什么特别的事情。他们知道也好，不知道也好，这就是他们选择的人生。

他强调了人生是选择的延续。

我现在所从事的电影制片工作也可以说是“选择”的战场。做电影制片，每天要看少则三四个、多则十多个的剧本，这其中大部分的剧本最终会沉睡于书桌抽屉深处或扔到角落的纸箱里。但这种程度已经是幸运的了，没看一眼就直接扔到垃圾桶里的剧本更是不计其数。这样被抛弃的剧本，是任何人都选不中的，绝对不会问世。抛开剧本本身的质量高低不谈，被选上或者选不上可能只是取决于导演或制片人的喜好。

偶尔也会有被所有人抛弃的剧本戏剧性地复活，电影也跟着大红大紫。以1200万观影人次创造了韩国电影史上的奇迹的李俊益导演的电影《王的男人》，其制作源于一个被人忌讳的剧本。这是因为虽然剧本是由舞台剧《尔》改编而成，但涉及了“同性恋”这个韩国电影中禁忌的内容。

罗洪镇导演2008年的作品《追击者》刚刚拍摄完毕，就受到了发行方冷漠的批评，结果发行迟缓，影院首映都成为难题。但最终《追击者》横扫韩国国内各大电影奖项，气势惊人。车太贤、朴宝英主演的《超速绯闻》在忠武路上映时被预想会是上座率失败的典型电影，但不是也创下了830万观影人次的纪录吗？这样，在影片现场的“选择”带来的影响力也会左右这部电影是火还是不火。

美国的畅销书作家黛比·福特说：

> 希望生活发生变化的时候，我们要做的仅仅是作出一个其他的选择。在我们生活的现实世界中，在每天都流失的时间里，无意识的或者没什么区别的选择每天都在继续，因而我们才在这里。现实，是我们过去作出的无数选择的积累所造成的。我们的今天是和昨天的选择，三天前、三个月前乃至三年前的选择连接在一起的。

她警告我们，即使微小的选择也可能给未来造成很大的影响。但是，尚有许多年轻人把自己的选择误以为仅仅是一次的选择，在必须作出自己人生中最重要的选择的那一瞬间，是不是曾经因为父母、因为兄弟、因为朋友而判断不清，或是被强制作了不合心意的选择？不是这样的话，是否曾认为为了他人作出选择是理所应当？也许该想一下因为那样的选择，今天是不是生活在痛苦中。

对于这种选择，伍尔本博士也说：

> 作为人类，为了美好的生活，首先要明白的是，我们自己的事情，我们可以自行选择和决断。但不幸的是，大多数人对自己拥有的选择权利不甚了解，也不积极使用，得过且过地生活着。如果问他们，为什么不好好把握重新选择的机会？不由自主地感叹将会是所有人的反应。金钱不够、时间不够、状态不好、运气不好、天气太差、身体疲倦、心情糟糕等等理由，没完没了。实际上，他们没意识到上述的情况正是自身的选择

所带来的。

我们时代的年轻人在面临自身重大选择的十字路口，往往不能勇敢地作出选择。因为习惯了别人替我们“生活”或者在火烧眉毛的时候才急急忙忙作出选择。这种做法是不陷入苦恼的最简单的方法。

美国思想家、诗人拉尔夫·沃尔多·爱默生在他的作品《自信》中说：

> 我们有必要为我们自己考虑。有太多的人不是自己直接选择自己的人生，而是随波逐流。

《30岁，执着于我真正的人生》的作者崔宗业也说：

> 不作选择就会被选择。不选择我自己的人生，说不定就为了别人搭上一生的时间。不选择自己的梦想，就会为了别人的梦想而生。不选择自己的目标，也许就为别人的目标当了陪衬。

他强调了人的一生中积极的选择是何其重要。

我们为了在处于该作出选择的境地的时候，**能直觉地认识到自己这个选择是自己一生中的重大事件，平常要擦亮眼睛面对自己的生活。**而且在选择的机会来临之时，要充满勇气，不要发愁，不要对选择犹犹豫豫。因为现在的选择，决定了一年后、十年后乃至老了以后的生活面貌。因此，选择的标准应该是“我自己”或“我自己的幸福”。只要定了选择的标准，选择的结果如何倒不重要了。

很少有人会喜欢灰色天空挂着乌云的天气。再加上落下雨点，更容易让人表情不快。反之，也有人就喜欢那种好像马上要下雨一样的阴沉沉的天气，更有人喜欢那种即使打着伞全身也会淋湿的大雨天气。所谓好天气是取决于自己的选择。难道有规定说好天气只能是万里无云、晴朗无比的天气吗？

就像选择自己喜欢的天气那样，有时我们人生的选择也会发生180度的逆转。是一辈子做着自己不喜欢的工作，做个挣钱机器，还是不受工作束缚，过丰富多彩的生活，这取决于自己的选择。自己也可以选择过一种带着小小的感恩与满足的生活。是过幸福的生活，还是过一辈子被他人羡慕的生活，都取决于自己的选择。

直接、亲手选择自己的生活吧。这种选择下的生活，无论是何种状态，都是以“自己”为中心，显示了幸福生活的真正价值。

=

人生最重要的是明白怎样做才能成为真正的自己。

——［法］蒙田

第5封信

比起受教育，感动和刺激的人生更美好

一个印第安酋长打算在自己的三个儿子中选择一个做继承人，于是他对他们三个命令说："你们三个去爬我眼前的那座山，告诉我你们所看到的，把你们拿到的东西带给我。"

三个儿子第二天一大早就去爬山，然后回到了父亲身边。

大儿子说："父亲，我抓了一只兔子。"

"哦，是吗？放那边走吧。"

二儿子说："父亲，我摘了一些果子。"

"哦，是吗？放那边走吧。"

三儿子说："父亲，我什么都没带下来。但是我看到了惊人的美景。翻过那座山，有我们不知道的河流和别的高山森林。"

"啊，真是我的儿子啊。你就是我们部族下一任的酋长。"

这个小故事是一则流传已久的印第安寓言，酋长所说的"山"说是"大学"的比喻也未尝不可。任何人都可以把它看成是在大学积累的社团经验，任何人也可以把它当成大学本身或者其他某种指标，也或者认为是为了积累指标的垫脚石。像酋长的三儿子那样，把大学当成是在其他地方所不能看到的美景，来看、来听、来感受。大学并不是单纯地整理知识、信息，再往脑袋里灌输的过程。因为像婴儿学走路一样，学会走和跑是为了冲破妨碍走出去，而大学则是起着人生起点的作用。因此可以说大学这个地方，对人生有很多重要意义。作为造成高考地狱的理由，怎么进、进入哪所大学即使在社会层面，对个人而言，都是一个极为重大的问题。这就是所谓“在哪里学”比“学了多少”更受重视的社会。

当然，在此并不探讨“进什么大学”的问题，而是关注“怎样走出大学校园”。或许你会认为我所说的“毕业于首尔一流大学，却一无所获，生活无趣”的人根本不存在。在名为“大学”的这个地方，姑且可以将拥有学生身份的、全韩国所有的大学生都一视同仁地平等对待。但是大学毕业，走向社会时，就出现了问题。受限于学校里的狭窄视野和有限经验的人，和放眼未来、明白自己的意向与能力并勇于挑战的人，其未来可以像下面的曲线图一样，用未来指标指数来表示。

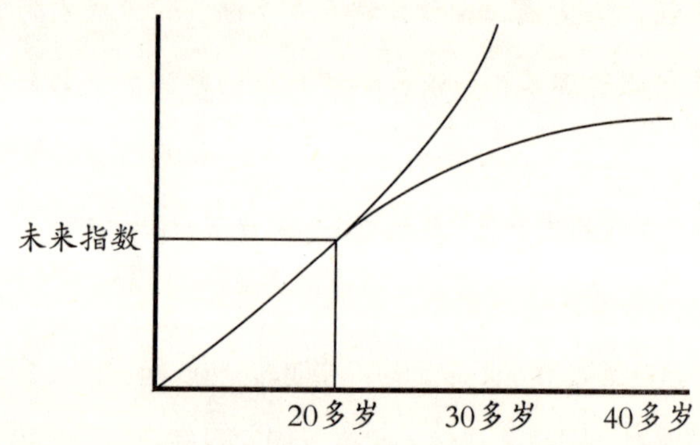

如曲线图所示，到20多岁，所有人的指数趋势都差不多。这意味着，在20多岁时，上班的人、创业的人、热衷学业的人，甚至在家闲着没事做的人，有着相差不多的生活水准和相似的前途。可是，过了20多岁，差距开始越来越大了。根据20多岁时的学历、经历、苦难以及选择的不同，渐渐开始走向不同的人生。相似的人生起点，结果在30、40、50多岁时出现了完全不同的生活类型。

通过这个可以看到，决定人生方向的是20多岁时的经历。选择了大学，成为大学生的那个时期对整个一生都有重大的影响。特别是20多岁时，一半时光在大学度过的话，应该对下面这个问题深思熟虑。

“对于20岁的青年，大学这个地方应当给你留下什么意义呢？”

拥有咨询师、美术师、黄新惠团队的领队、百想艺术大奖演剧部分人气男演员大奖的获得者等众多特别履历的金亨泰在自己的书《你，孤单啊》中对20多岁的年轻人用以下句子来描述并辛辣批评：

> 20多岁是为了找到自己的正业而摸索的时期。虽然只需要挖一口井，但是不管三七二十一，只在一个地方挖就能出水吗？先要勘探一下啊。寻找各处的物质，为确定水井的正确位置，多尝试几次，这是理所应当的。20多岁时就该尝试这种事、那种事，进行多种多样的体验。但是大部分人在急急忙忙地找工作，连考虑是不是自己挖的井的工夫都没有。只看名称，就判断是稳定的大企业还是不稳定的中小企业。

大学，是将人生全方位考虑指定方向的时期。也就是说，哪怕只是模糊不清，也要具备抓住生活重心的目标意识。在弘益大学门前经营一家宾馆的崔振权在接受一次电视采访时说了下面的话：

> 上大学时就确定了一个目标：绝对不要去找工作。现在依然在为曾经的目标奋斗，所以感到很幸福。

他在经营宾馆的同时，还抽空去做一家音乐电台的导演。小规模的宾馆，是给了他尝试挑战理想的永恒主题。他还这样说：

> 不去电影院，也能见到无数的人，把观察的东西变成影像，更有帮助，也很有意思。

他最近貌似在过着懒散的日子，其实是绝不是懒惰，而是平和的生活。

那么，对你而言，大学是什么地方呢？学到什么？看到什么？又感受到什么？大学，是展现高中时候别人都在睡，你拼命学习所取得骄傲的殿堂？或者是为了实现平生所想，一定要翻过去的像喜马拉雅那样的高山？又或者认为不进大学，就会被当成无能者，即使工作取得不错成绩，却依然要回来经历的一个必要过程？抑或对你而言，大学是浸着血泪、怀着刻骨愿望的对象，或者是为了培育美丽芭比娃娃的人力制造工厂？

无论如何，大学或者学历对20多岁的年轻人是无法忽视的问题，这是不容置疑的。真是可悲的现实。

至今为止，我在工作中也采用了很多雇员。当然我也是首先注意应聘材料上写的大学校名，这就是所谓“同价红裳”（意思是说同样价钱的衣服人们当然选择红色，即选择夺人眼球的）吧。但是每次都会遇上材料和真人不一致的情况。好的学校不一定会培养出好的人才。

偶尔也有无关学校名气，一眼就相中的简历。说的是那种展示了自己真正喜欢的事情是什么，清楚给人别样感觉的简历。有那种只是嘴上说能力超群、平铺直叙的简历，也有那种不寻常的经验一次都没有，只见识过一次就深刻加工的简历。当然，这是只要花钱就能买到简历制作方法的年代，也许会有例外。

尽管简历上的一句话可能就概括了几年的经历，可是事实上企业在招聘员工时，往往连这一句话都关注不了。《情节战胜规范》的作者金正泰也建议不要在简历中罗列数据指标，而是多多叙说自己拥有的经验和想要做的事业。自己明确自己想要做什么的人在苦恼于写简历之前往往是已经从企业那里得到了录用许可。

大学，不能只是当成学习专业、修满学分、遵守规范的地方。因为大学时光是非常珍贵的。

我在大学时代经历的一切对如今的我有很大影响，我始终坚信这一点。因为，在那里，我确定了自己想做什么、能做什么、该做什么。事实上，我在上大学时顺便也做了许多工作。不仅是因为要挣足学费或者想成为富人的欲望，而是因为有计划地做事，使生活充实，就像玩牌一样开心有趣。

我上大学的时候，即20世纪90年代末，正值所谓“科斯达克风潮”来临之际。那时，只要说是“高新技术风险企业”或者“网络公司”，投资就一涌而来。那是一个任何人都做着风投神话的美梦的时代。我不能放任这样的机会从身边溜走，受熟人的帮助，我开了一家有关音像的高新企业。我一次性租了一间100多坪（1坪=3.33平方米）的大办公室，雇佣了数十名员工，开始创业，甚至不惜为此休学一年。不过很可惜，公司并没能坚持多长时间。“风投泡沫论”弥漫全世界之际，收益模型不明晰的网络公司开始一家一家宣布破产。当时我挑战的项目是网络VOD服务（指视频点播，当然现在已经很普及了），那时候网络文化刚刚起步，现实中的收益模式尚不明晰。这样看，是很超越时代的项目计划。

之后为了挣学费而去做的兼职——学生导师，最终成了我的职业。教导学生的同时萌生了“这项工作也可以成为事业啊”这样的想法，这是一个重要理由，除此之外，教学生时感到的满足与愉快具有相当大的魅力。向他人传授自己拥有的优越技术，像是连学走路也教的工作看似很难做，但取得的成就感倍增。因此，我没有带着心理负担去做事，现在成为开设了三家学校的CEO。这也是大学生活给我的礼物。

青年们应该通过大学生活来找到自己真正想做的事，即使它不是一种职业也没有关系。是什么让我喜欢得眼睛发光，又是什么即使熬夜也觉得乐在其中，这些需要心里有数。必要的话，在彷徨的大学生活中，有了明确目标，休学也是未尝不可的。如果沉溺其中，学业得“F”也在所不惜。在平时难得一遇的，只有大学时代可以去喜欢，这点应被记住。

这样说来，有的人认为抱着吉他、留着长发，流行在20世纪80年代是一种传说。也有的人反驳说这样上大学，别说就业，连待人接物都做不好。但是，最近的大学生好像比以前更呆板了，不会浪漫，没有气激情，缺乏朝气。

大学是无论什么事，都不带负担地试着去做，经历过错误失手，从内心享受失败的苦痛的人生。

学生的身份可以说具有“可以容纳所有的失败，失败后再次回到原点从头再来，得到宽恕”的特权。在这样的学生时代，即使拥有一次再次挑战的机会，也比毕业后布置实际工作之前得到任何特殊训练有用得多。这里有愉快度过大学生活的方法。无条件去挑战。就是这一点。这样的话，能抓住人生轴心的三大问题：想做的事、需要做的事和最擅长做的事，寻找解决的契机。难道要眼睁睁看着什么都不做，错过这个开启人生的关键时机吗？

亲爱的大学生，处于20岁青春的你们，带着希望，去挑战一次吧。

第6封信

“一万小时法则”在所有领域都是必要的

古语云：“教学相长。”

意为老师一边授业一边成长，学生一边学习一边成长。此语出自《礼记·学记》，原文如下：

“是故学然后知不足，教然后知困。知不足然后能自反也，知困然后能自强也。故曰教学相长也。”

实际上，教师工作做了十年以上才能主动认同“教学相长”。因为普遍认为比起学校中学习的，在教授过程中学到的或许更多。

古代罗马思想家塞内加说过“人是一边教别人一边学习的”，《诗经》中也说“教是学的一半”。孟子认为人生有三大喜悦，即“父母俱在，兄弟无故，一乐也；仰不愧于天，俯不怍于人，二乐也；得天下英才而教育之，三乐也”。

教育别人和自身的发展相关。如此，就要向各位提问题了。十年后，如果有一个在大学教书的机会，你会选择什么领域、什么科目呢？当然，即使不是大学也很不错。培训学校也好，地区性短期讲座也好。想象一下吧，有这么一个人，肯定你的专业，信赖你的授课。

事实上，教育不像想象的那样简单。抱臂思考一下，真的要提，不那么容易。特别是，不是那种只有一两个学生的类似家教那样的学习，而是有20名乃至数百名学生听讲的课程，需要知识丰富，小问题都不能避过。

我常跟学生说“教育要投入热情”。当然教书是年纪大也可以做的事，这点毋庸赘述，更重要是因为这是一种在运用自身能力的同时也换来了尊敬的职业。而且，在韩国这样“教育热”盛行的国家，教得好的人可能成为明星，得到“最优专家”的赞誉。不仅如此，和在教育过程中见到的无数人交流沟通会对其非常有益。

不久前刚去世的传奇篮球教练约翰·伍登曾说：

> 教得有多好取决于学得有多好。教就是把重要的内容全都了解吸收后，一边教，一边学。

与普通大众相比，人们一般把在某一领域能教得很好的人称为“专家”。如果赋予这个领域和别的领域区别开的特质，那一定与教授的内容不无相关。

要成为一个领域的专家，应该下相应的功夫。《异类》一书的作者马尔科姆·格拉德威尔的“一万小时法则”大概说每天3个小时，每周20个小时，如此需要10年的努力。霍华德·加德纳提出“10年法则”，并给予说明：

> 想通晓任何一个领域的专业知识，最少需要10年的勤奋努力。想有创造性的跳跃，必须通晓本领域的所有通用知识。基于此理由，如果不想做10年辛苦努力的话，就达不到有意义的跳跃。

现代派画家毕加索，终其一生，留下两万余幅画。可以毫不夸张地说，他从会说话起就开始画画，一生只沉迷于画画这一件事。他九十余年生平，两万幅画，即如果从10岁开始画画计算的话，一年要画250张。这就是毕加索之所以成为毕加索的原因吧。

重新书写女子花样滑冰历史、被誉为“花滑皇后”、迸射出最美丽的光芒的金妍儿，从7岁开始学习花样滑冰，下过13年艰苦工夫。韩国代表偶像组合BigBang，从做练习生到出道，总共历经13140天，平均每个队员度过泪水与汗水交织的7.3年，因此，他们的位置无人能及。

此外，女子高尔夫选手申智爱、韩国“比尔·盖茨”安哲秀教授、任何语言修饰都不必要的苹果公司的史蒂夫·乔布斯等，这些人能被认可为某一领域的专家，是因为他们在别人看不到的地方付出了艰辛的努力。当然，“一万小时法则”或者“10年法则”，都是无条件地以时间为准的，这是不行的。

与此相关，孔炳浩博士在其《33岁的泰峰，向着世界奔跑》一书中这样警告说：

> 这理论本身没有错误，但是条件应该更充分。100小时，1000小时，单纯的时间积累没有任何实际意义，重要的是投入的时间的质量。关键是有多集中，集中的时间只有1小时也可能成为专家，但坐在桌边，胡思乱想或者翻看报纸，这样的时间不要伪装成投入的时间。

可是在韩国，许多的年轻人即使很了解这个法则，实行时却做不到。原因是不可能定下1个小时或者10年的努力，只是一天天的得过且过罢了。他们认为，在变动的环境里，自己随波逐流，忍耐着去做自己不喜欢的事，这是最安全稳定的生活。对有趣快乐的工作却指指点点、畏首畏尾。一生归咎于接受的这种教育，不曾学过去寻找有热情、值得投入全身心的工作的方法。这样，一如既往，直至失望或抛弃。现在开始寻找吧，寻找是十年以后能成为专家的那个领域。任何人都要有一个自己适合的领域，也不必非得是一个领域，设定目标向着关心的领域前进才是最重要的。

现代管理学大师彼得·德鲁克以三年为一个周期，指定一个领域，学习这方面的知识，可以达到专家水准。哲学家伯特兰·罗素说："人们一生中五次可以成为其他领域的专家。"

《专家，他们的法则》一书的作者、延世大学心理学系教授孙英宇说：

> 具有专门性的领域数不胜数。一般人之所以认为成为专家是离自己很远的事，是因为世上有认为"被称为专家就要在这一领域做到最好"的倾向。但是任何领域，人并不是只按照自己工作中既定的模式来解决问题，而是要接受周围的指导、支援，使问题得到更好的解决，并一贯如此，人们把他们都称为某一领域的专家。

找到关心的事的最方便的方法就是看周围。我最方便接近的领域，说不定就是做得最开心的事，不是专门的领域也可以。拍照、养花、说唱、写字、说外语、演奏乐器、旅行等等日常生活中，某一瞬间达到专家水平的话，也非常好。

最近，普通人变为优秀演讲家的事迹越来越多。不久前，综艺节目《男人的资格》中展现了笑星李允石为了取得裱糊许可证，孤军作战的模样。虽然裁剪墙纸、糊墙的动作很容易看出来，但根本不能看成是普通的技术。这种时候，从事裱糊的专业人员为了前来学习的人，成了优秀的老师。不仅如此，被认为是忌讳行业的擦鞋业，为了传授技术，正在筹建擦鞋培训班，从给鞋上油到修鞋都能学到。尽管不知道谁会想去学擦鞋，但擦鞋已经不是一项谁都能做的事，这点是不容置疑的。

无论什么领域，如果自己有的是专家的自信，教别人的能力就是充分的。

从现在开始，该为迎接说不定什么时候就来到的优秀专家做个准备啦。那样的话，你那悠然而又极具感染力的演讲会感动所有人。《20岁不可不做的50件事》的作者中谷彰宏一边说“好的演讲会掀起狂澜”，一边强调好的演讲对学生们具有强大的影响力。

教育，比起说是学习的反义词来，更应该是为了自己而主动做的事。因为为了教育他人，自己要勤奋学习做准备，原本模糊的事在脑海中也渐渐清晰。况且，教授技术时，会重新体验，渐渐地，技术水平会得到发展。

有道是“灵魂之努力不背也”。意思是有关灵魂的努力是不会背叛的，十年就足够了。从现在开始，找寻自己的专业领域吧。发下誓言：不能成为好的老师，就如行尸走肉。

第7封信

像能永生那样去计划，像明天就要死亡那样去行动

早上和晚上，如果看新闻或报纸，常常会心烦意乱。

全世界因为气候异常，若出现极端事态，国家局势就有战争一触即发之势。无约束犯罪行为日日激增。每当此时，我都忍不住要再观察一下周围。因为情况如此，心里担忧不已。想想几年前，就有以地球大难临近、人类灭亡为素材的电影红极一时，而现在人类灾难已不仅仅是在电影中看到的故事了。

对我而言，某些灾难影片真的是给人以极大刺激。尽管看的时候一直打寒颤，但和影片中的主人公们相比，要为我的比较和平的生活放心地长出一口气。我人生中的第一部灾难片要追溯到20年前。不是在电影院看的，好像是在电视上播放的特选电影。看时钻到被子里，屏着呼吸，那场景还历历在目。片名叫《浩劫之后》，主题是地球核爆炸，讲述的是在平和的日常生活中，核炮弹突然爆炸引发的故事。偶尔想起这部电影时，我会试着上网搜索一下，每当此时，只是出现有关申勋的《那天来临》这首诗的文字，而关于那部电影的资料则完全查不到，非常遗憾。

把和20岁青年们的对话分开来看，对自己做的事情不自信，因而感到痛苦的情况相当多。即使开始是确信的，但随着时间流逝，产生了不自信的障碍和自信心丧失的枷锁而造成痛苦。每当那时，我总是这样问：

“如果明天立刻就死去，最后悔的事情是什么？”

这样一问，学生短暂思考一下后会回答说：“为今世自己做的事情没有更努力而感到后悔。”

接下来我就更刺激地诱导他们展开火辣辣的想象。

那么，现在开始闭上眼睛试着想象吧。可能的话，灯也关掉，在一处比较安静的地方坐下来就好。

很久以来，我过着休闲的下午时光。家里谁都不在，看起来全都外出了。可是外面开始传来长久的警报声，也不是民兵训练的日子。喧闹一阵，马上又变安静了。

从窗口向外看，一个人都没有，也没有车经过。

觉得很不寻常，打开电视一看，表情沉闷的主播说5分钟之内核炮弹会爆炸，劝人们不要到外面去。一瞬间，觉得会有什么事，给朋友打手机，手机却无法接通。给爸爸妈妈打电话同样打不通。电视上在炮弹爆炸之前以秒为单位计时。再次给爸爸妈妈打电话，由于许多人同时想打电话，导致只能听见杂乱的电话音。现在离炮弹爆炸只有1分钟了。

想想现在这个时刻应该在一起的人，眼泪夺眶而出。只在一起待1分钟就迎接死亡的人从脑中掠过。随着剩余30秒的报时，电视里也由华丽的俱乐部的画面，马上变为厚重的灰色画面，如墨一般。猛然间泪如雨下。

是梦还是现实？连想一想的余地都没有了。10秒、9秒、8秒、7秒……全家人的身影都涌上心头，摇摆不停。好像一切都结束了。就像电影中终结者被告知死亡时红线消失一样。

那么，如果炮弹爆炸，终结一切的话，在最后的1分钟时间里，我在想什么呢？喜欢的爱人和我至今为止的一辈子像走马灯一样在脑海中飘过。或者，什么都不想直面死亡说不定是一般性的做法。可是，想想在突如其来的一瞬间，会想到什么，对最后1分钟充满好奇。

这种形式的名为“直面死亡的我”的测试确实应用很广。最近，不仅是二三十岁的成年人，甚至多次听说校园或教育机关为初、高中生组织了找回自信的活动，安排时间写遗书。他们不是只写遗书，写完之后，还要穿上寿衣，进到棺材里躺下。进棺材，盖上棺盖，成为他们人生的第一次经历。虽然有些恐怖，但不能不说这件事有一定意义。以这种活动为契机，三天里诚心写了遗书的职场人K某开诚布公地说：“任何人在死亡面前好像都不得不真诚和谦虚。开始是出于好奇，写遗书的时候看世界的眼光就变了。”实际上写过遗书的人说：“这成了重新正视自己，慎重思考以后生活道路的契机。”

强调写遗书的K某也说：“提前写遗嘱把人和人之间的关系一次试着结清，清算物质和财产关系等是打造真实生活的重要之事。”同时说：

“出生时有顺序，但死亡没有顺序。死神每一天都可能降临。死亡是和世界的永久诀别，怎么能一点准备都不做呢？”

这强调了要实施写遗嘱。

人间的生与死像是要离开的旅行，得到的同时也要失去。无论何时总会死去，这个真理埋在心中过着一辈子。但是最近像能永生一样活着的人到处可见。反之，也有打算缩短寿命并为之努力的人。

试着想象一下1分钟后，或者两三天后，自己的生命就要终结，该怎么做呢？只是想想就觉得全身过电一样刺痛。没什么能阻挡眼泪流下，手足无措的情况也常有。

三

人们常常一边抱怨着时间不够，一边像有使不完的时间那样行动。

——［罗马］塞内加

这种形式的想象训练在人生中尽管非常重要，但挑剔找借口和理由，给以后拖延的事情制造了一个个说出来的动机。而且，也制造了对周边一向漠然置之的人们稍微多加关注、表现爱憎的契机。还让因为对未知、未来的恐惧而要舍弃生命的青少年们觉悟死亡，从而再次产生活着的勇气。

事实上，美国某大学的心理学教授讲课时在黑板上写下了这么一个问题："试着想想如果我们三天后死亡，最想做什么？"学生们给出的答案五花八门，有给父母打电话、和吵架的爱人或朋友和好、吃上一顿记忆中最好吃的饭等等。但是教授在黑板上只写了一句话："DO IT NOW！"他说："在死亡来临之前不要等待，现在马上去做所有的事，去实现它。"还强调别说空话，去享受生活。

应该有"在人生中，把永远不会再回来的、现在的一分一秒虚无度过的话，心中疼痛，惋惜不已"的心态，而不是有"今天是昨天死去的人们那样期盼的明天啊"这样的话。更冷静透彻地注视生活，再思考一下今天我活着的时间的价值。

那段时间，这样的想法在忙乱的生活中带给我的最珍贵的是，反复回味自己是什么，并帮助我设定在稍后不太大的年纪里要达成的生活目标。我凝视自己，果然，反复回味"我为了什么活着"、"我该向何处去”，能树立新的生活目标。

如果有了战胜死亡恐惧和沉重压力的准备，那么就有了走向世界的充分心理准备。我自己做什么事才是为了活着去工作，而不是为了工作才活着。反省自己所做的行动，可以成为阶段成长的机会。一家国有企业的领导在退休时对单位的干部们说：“像能永远活着那样做计划，像明天就要死去那样行动吧。”

青年们，现在马上想象一下“我人生的炮弹即刻爆炸”，怎么样？

第8封信

使你的心脏狂跳的事情是什么

不久前，一档专题节目对中国、韩国、日本三国的豆腐做了报道。节目中一位历经几代、经营家传豆腐工厂的日本男子接受采访，关于他的形象，引起了许多想法。他最近在做“最长豆腐将军”，尽管整体还看不出来，但是他有很强的自豪感。也许他的自豪已经超越了出自历经150余年代代相传的家族产业这个理由，而是因为家族产业本身，使他得以发挥自己的聪明才智，在做事中他找到了真正的快乐。

虽说职业没有贵贱之分，但其实我们自幼就严格区分职业贵贱，实际上生活在有职业差别的国家。这样看来，确定职业就成了一生中最重要的事情。但是指定能支撑自己一生生活的职业并非易事。在想做的事情和擅长的事情、该做的事情和不得不做的事情之间的界限上，适合与前途这两个词给20岁出头的年轻人造成了苦恼。

我们的年轻人在选择职业的时候有许多苦闷。

年轻人想：“我要在自己想做的事情和父母希望我做的事情间的差距上耗神，也不太清楚自己能发挥的能力或适应性。希望能在和其他人比较起来不丢脸的、有些名气的企业就业，想选择还能继续做自己喜欢的事的职业。通过这份工作能挣很多钱就是锦上添花了，同时拥有一定社会地位就更好了。这样的职位上升到高层，最好能成为光芒四射的人物。结识与这个水平般配的异性组成家庭。肯定地说，就是终生不为生计发愁，最好再有平和、稳定、富裕的退休后老年生活。”

决定我一生要从事的职业这件事，绝非易事。

可是尽管这么苦恼，大部分人并不能按自己的意志选择职业。大概别说从根本上苦闷于想做什么，就是估摸着“这就可以了”作自我安慰，得过且过。可是如果清楚最佳选择，却选了个次佳，那么每天只期待着下班时间快点到来，像被压迫的劳动者那样勉强度日。成了不是为了生存而选择工作，而是因为工作，生活被牵着走。

前边我们就“我是谁”这个问题探讨过。最终，“我该做什么”、“我喜欢什么”、“我该选什么”这些问题成了与“我是谁”直接关联的价值观命题。

年轻人，你知道对自己来说什么事情是最有价值的吗？

人的一生为了明白自己的价值观，可以毫不夸张地把人生看作一场旅行。这样，我们要制定只属于自己的设计图和旅行地图。有把价值放在一生勤恳工作上的人，也有把价值的基础建立在更休闲快乐的生活里的人。有的人将工作本身作为工作的目的，也有的人把工作只当成是一种手段。

以杰克·韦尔奇的夫人而闻名的新闻工作者、演讲家苏茜·韦尔奇（Suzy Welch），一周有60个小时以上因强制性的职场工作和因此不得不忽视的家庭之间的矛盾而备受困扰，她曾讲了下面这个女性的故事。

> 她用了一个多小时，将自己可以选择的方案和结果整理记下，并写在了纸上之后。她说：“结果我领悟到，如果我不明白自己人生中最想要的是什么的话，就不会知道我想做什么以及做了有什么意义。”她又重新拿出一张纸，写下“价值”，然后开始写了这样的文字：“我越发讨厌只追逐金钱的生活，20年前我梦想的生活不是这样的。我想像以前一样工作，这是原本的天性，但是不应该只围绕着工作。我对现在的家非常满

意。我不想得到根据工资金额给的评价……”最近，她跳槽到家附近的一家非营利机构上班了，每周工作40个小时。现在，她可以为女儿亲自做早、晚餐，也可以亲自看着女儿玩软球游戏了。

——选自苏茜·韦尔奇《你就是自己的幸运星》

故事中出现的名为“杰姬”的女人换了工作，年薪也减少了，怀念过去艰苦的职场生活，但并不意味着要重新回到过去。她最少夺回了灵魂，因为过上了自己希望的生活。

把自己的欲望和价值观直接写在纸上，是人生中重要的事情，特别是按照自己的标准来制定“必须要做的事情”。

单纯的做什么工作、拿多少年薪，并不是生命的真谛，制定生命中能把握的兴趣与希望的价值的标准，才是将整个生命放下看时非常重要的事情。

以《追忆似水年华》而在韩国国内闻名的法国作家马塞尔·普鲁斯特写下了《普鲁斯特问卷》，从中我们可以找到一些关于价值观的问题。比如说“你最喜欢的价值是什么”、“你如果不是你，想成为谁”、“你认为的幸福或不幸是什么”等。前面提到的苏茜·韦尔奇也在她的著作里以测试的形式向读者提出了几个有关价值观的问题：

——你70岁生日之际，希望得到什么？

想在世上留下什么的问题。

——想知道我不在房间的时候别人是怎么说我的吗？

有关我的人格的问题。

——你父母的生活方式中，哪些是你喜欢的，哪些是你讨厌的？有关生活方式的问题。

《以我的方式打开世界》的合著者朴胜五、洪胜焕在他们的书中说：

说“我没有核心价值观”是不对的，应该说“我还没找到我的核心价值观”。核心价值观不是造出来的，而是找到自我内心自然活动的模式。

并且强调在选择工作时，对于价值观的选择是非常重要的。

最近，一家就业门户网站以1238名大学生为对象，做了一次关于职业好感度的调查。结果显示，好感度第一的职业是公务员（10.1%），其次是金融业（9.9%）。对职业的好感度虽然根据地区不同和时代变迁有所变化，但是和以前一样，选择稳定的或者年薪高的职业成为主流价值观是确定的反证。

在这种情况下，分析20多岁年轻人的择业价值观，可以将其分为三个类型：一是对想做的职业的价值观很明确的人。这种人一旦确定了职业目标，其他的努力和准备只不过是时间问题。医生和检察官等特定团体，一旦树立目标，就需要数年的严酷学习，因为不努力可能就没有结果。这种人因为有明确的目标乃至使命感，是完全没有问题的类型。

问题是第二种类型，还不清楚应该从事什么职业的人。大概大部分还不明确的人是挣扎其中的20多岁的人。不知道想做什么，不知道该做什么，所以是无可奈何地泡在图书馆的人。跟着趋势随大流，从托业到托福，再从托福到雅思，甚至转到汉语或日语。必要的话，即使贷款也要去海外留学，为了获得一些也不知有用没用的资格证而学习。读了网上或大企业的人写的就业指导文章，就没头没脑地当成人类规范来尊崇膜拜，这就是所谓的随波逐流。这种人大部分抱着“万一哪里录取了”的心态，什么行业是否在走下坡路、这方面的工作如何等都认为没关系。大体上提供一定年薪，在自尊心允许的范围之内的公司都会比较满意，完全不重视自身想做什么。自己是去迁就工作，为了符合工作而改变自己。

当然，也不能说他们可怜。没有找到为一生一定想做的一件事而奉献身心的机会，确实令人遗憾。最近的现实也不得不印证了这一点。社会这样要求，为了符合这种要求，他们不得不成为一种人力商品。想做的事情只出现在自我发展书或者故事中，追求上面的那些恐怕免不了一生无业的命运。

20多岁的年轻人在职业观中的第三种是，即使有确定的想做的事情，却不去为之努力的类型。跟这种人相比，还不如什么目标都没有、整日泡图书馆的第二种人更值得顾念。

以往的情况如此的话，就试着将我关心的领域在心里分成三个等级。如果时间允许，用四天三夜的时间，到处跑遍也要找到符合价值观的、一定想做的三件事情去投入其中，当然能找到更多就更好了。万一已经成功找到工作上班了，即使那样，从根本上说，能找到真正想做的事情不容易，从内心深处重视起来吧。还有，要不断地评价现在正做的事情对我而言有何意义。

通过这个过程，按照20岁的职业、30岁的职业、40岁的职业来区分是最好的。或许和现在想着的职业完全不同，把另外未知的职业当成一个梦想也未尝不可。一分钱都不能挣的职业也一定是有人想做的事，那没有关系，但只考虑是不是能充分容纳自己的价值观。

我现在兼着好几种身份：表演培训学院院长、电影制片人、演出策划、大学教授以及作家。当然，看我做各种各样的事情，有很多人就持有我专业性不足的偏见，但我并不怎么在意，因为我有明确的人生目标。从20多岁开始开办的表演培训学院是我一直持续的事业，保障了我稳定的收入；30多岁，从制片部的小字辈做起开始的电影制片业务虽然回报不能像干大事业那样有所期待，但却是最使我心动的工作。实际上，在电影制片现场做事的工作人员，虽然不像一般工人那样在恶劣的环境和待遇条件下工作，但根据调查却有着其他职业所无法比拟的对职业的高满足度。演出策划始于一次偶然，现在已经策划、制作了数十场大大小小的演出，经验也得到业界认可，得以在大学里讲授策划。这所有的工作虽然工种各不相同，事实上，因为各自的特性，使我在所有的工作中很多时候能够发挥效应。

我所从事的多种工作，虽然说是我主动活动，一个一个找到的结果，但现在回过头来看，也未尝不是因为这些是我一直关注、喜欢的领域，机会自然而然就降临在我头上了。

可是对我而言，工作并不仅仅是以上这些。早晨起床、吃饭、看报纸、浇花，这些都是我生活的一部分。某个瞬间我把我所有的工作都看作是美妙的休闲生活。因此，如今我是为了生活而做事，而不是为了金钱。和为了健康而运动那句话一样。

我觉得即将到来的40多岁、50多岁的时光会更有滋有味。40岁之前的现在，将自己亲手撰写的剧本制作成电影是我的目标；40岁之后，计划将更多的时间投入在写作上，并尝试翻译外国作品；50多岁时，我的梦想是用自己的绘画和摄影作品举办展览。

《致青春岁月》的作者具本衡将对年轻人的工作的想法整理成以下几句话：

> 吃饱饭与存在，在我内心中这两种想法常常相互纠结斗争。为了吃饭而不得不从事厌恶的工作的时候，存在就被排挤得无处容身；反之，为了存在的尊严而去做，却不免饿肚子。所以这是一直纠结不清的事情。

人生就是追随梦想、创造幸福的过程。在此过程中，一定要达成的事情就是对职业的选择。

自己首先确定三个应当关注的领域吧。决定的过程虽然不易，但回头看自己时，却是幸福的一刻。而且为了实现梦想，要一直怀有希望啊。

这就是20岁的特权。

=

如果你做自己喜欢的事，你将会成功。

——爱因斯坦

第9封信

若有热切期望的事情，从最基础开始

韩国的普通人中，没有打工经历的几乎没有。高中毕业后（最近初、高中生打工的事例也随处可见），将要上大学的时候，打一次工是一种体验。就像“年轻时候自讨苦吃”这句话一样，即便不是为了改善家境，打工也被认为是代表青春的一种浪漫。

虽说学习比较好的学生可以去做初、高中生的家教，但总体上说，在饭馆、酒吧、便利店、加油站等服务性场所打工的人占到大多数。此外，还有婚礼助手、电视台打工、电影电视临时演员、电话销售及百货店售货员、大型卖场助理等很多的打工工种。

学生时代的打工目的虽然是单纯的挣钱，但也具有一定的意义。好好听听现在开始的谈话，以后打工的时候要慎重选择。

“打工”是源于“劳动业绩”一词的德语“arbeit”，是指普通学生或者有工作的人在本职工作之外想获得一些收入而去做的事情，不过以小时计工的活儿或非正规职业、临时工作等都包括在打工里面。说到打工，很多人觉得没什么难度，主要是谁都能做的杂活，但是事实上，除了少数几个工种以外，大部分工作并不是这样。

在最近出现的社会问题中，有关“自由打工族”的报道随处可见。“自由打工族”是指那些不去职场选择固定职业，而是靠打零工解决生计的年轻人。这些“自由打工族”中有从事不用动脑筋、单纯靠体力劳动的工作的，也有在医院或药店、IT业、电视台或报社等专业领域，和以兼职形式工作的自由撰稿人几乎没什么区别的人。因此，“打工就是干杂活”这句话太有局限性了。

自愿以单纯打工开始，也可以积累可度过一生的诀窍和经验。无论多么小的工作，是有只将书中的经济经营理论原封不动应用到实际业务中就行的，但不亲身体验就绝对学不到的业务知识。这样自然的学习，会对该领域慢慢产生信心，有机会确认自己的工作倾向。

即使单纯的打工，也有必要用更认真的态度去对待。因为年轻时候体验的这么多工种，在今后你决定自身前途的重大选择时，会有很大帮助。积累了许多自己到底做什么好这样的信息，最熟悉的一边经常最方便感知到，这是当然的。

例如，年轻时候在便利店打过工的人，对便利店涉及的所有业务都能清楚地把握。并不是单纯地在POS机上结算商品，也要熟悉商品订货和在库管理等实际业务，只有眼疾手快的人才能在流通过程中一眼就能把握。结果，这个工作的优缺点在现场体验后才能直接领会。而且，在这个系统中，自然会接触到许多人、面对许多信息，在某个瞬间对该领域甚至可以达到专职人员无法达到的水准。在饭馆或快餐店、咖啡厅打工也差不多。在“顾客是上帝”的地方工作的话，要明白接受服务的人和提供服务的人双方的立场有何不同，有时要亲身体验一下被彻底忽视是什么感觉。这个过程中，要习惯服务业的特性和服务思想，能体会到书上学不到的东西。不仅如此，试着去关注该工作领域的销售现状和纯利获得程度，能得到意想不到的收获。

年轻的时候，虽说是单纯为了挣生活费或学费去打工，拿小时工资，但这里面一定也存在着激烈的商业世界。所以说，打工是尝试领会这个世界规则的好机会。

把和一些领域的成功者的对话分开来看，有些话同时听到过。即

“年轻时候没有什么事没做过”，这样才能把自己体验过的工作种类一一罗列。这些人的共同点是通过工作，学到了冷静对待人生和社会以及对工作产生使命感。

实际上，我们看看周围，年轻时没什么想法就开始打工，后来成为终身职业的人比比皆是，这意味着打工使对工作熟练到成为求职的决定性契机。不是没有任何经验，像新的开始一样带来沉重负担的工作。

既然觉得学生时代什么都不想就打的工或许能左右今后一生的意向和职业，那么打工选择时就要慎重了。选择一直关心的领域去打工反倒是个不错的方法。在这个过程中，会渐渐了解“自己想做什么”、“做什么感到有趣”，也能找到自己一生要做的事。

我20岁时的打工充满了给30岁人的许多材料和养料。小时候，父亲去世后我就一直在想做什么能挣钱，这想法存在了很久。记忆最深的是20岁在便利店夜间打工的时候。便利店的工作看上去很干净、方便，其实不然。为了保持室内清洁，要不断地整理、打扫、拖地。我在便利店值夜班的时候，赶上“徐太志和孩子们”这个组合出道，正掀起热潮。那时候我在一家路边摊买了他们的专辑，带回便利店里翻来覆去地听。后遗症就是直到现在我听到徐太志的《我知道》这首歌，就马上莫名其妙的困意全无。

便利店打工之后，我还做过演员助理、公寓施工、搬砖、调剂猪饲料、啤酒吧的侍者等等许多工作，大学转学之后才基本上开始做学生表演指导。那时候打的工给现在职业的帮助无法想象。

不仅是我，在我们周围，也能很容易找到许多事例，20岁时体验的小事成为左右今后自己一生的契机。在日本掀起韩流热潮的裴勇俊，在1994年柳真善导演执导的电影《毕九》（日本片名《初恋白书》——译者注）中做照明工作，为了填补一个不良少年的角色，他临时出演，以此为契机，他的演技事业开始发展，这是很有名的小故事。

何止如此。众所周知，电影演员兼歌手任昌丁曾是李秉宪的经纪人，超人郑浚河也曾是超人李辉载的经纪人。这说明20岁时做的事成为终身职业的情况不在少数。

《身价十倍的自我品牌》的作者金志炫这样说：

> 把想做的事当成职业的人是幸福的人。如果是每天有一半以上时间在职场工作的公司职员，一定要从事自己喜欢做的事，这样会提升业务效率，发挥自身100%的能力，并得到认可。可是，找出我想做的事到底是什么是一件相当难的事。初进社会的新人经过两三年的职场生活，找到自己真正喜欢做的事是相当重要的。

如果大家在该选择什么职业上感到很矛盾的话，不要觉得难为情，从打工开始吧。可是，打什么工也是有标准的，即不要只求高工资。

如果你有真心想做的事，那么即使不能挣一分钱，也要从基础开始找寻入门之路。如果梦想是酒店老板，那就从刷盘子开始吧；开饭店是梦想的话，去生意红火的饭店，免费打工六个月，不要钱去工作，只求教会怎么开店；想成为演出策划的话，去找韩国最优秀的演出策划人，停薪留职，从清扫开始；想成为电影导演的话，去找电影制片厂恳求吧，请求在电影制片现场做些杂活儿。

钱不是问题。有这种精神的话，别人会对你刮目相看，而且你也可以在其中再次树立自信。这样如果有工作机会的话，你就是幸运儿。这是说你面临着确定你这一生改变梦想是否适合的绝好机会。

万一在现场亲身经历的结果是确定达到这一生以之为职业都不会后悔的程度，有这种想法也不要紧张。机会不是已经来了吗？现在向一起工作的人们多多请教吧，无论是谁都会热情回应的。

可是要再次强调，对于20岁，重要的不是金钱，而是时间，找寻一生该做的、可做的、能做的事情的时间。对于20岁的年轻人而言，能够好好度过这段时期比什么都重要。

第10封信

30岁不是挑重担的年纪，而是成为世界中心的年纪

又有一天离我远去
就像是散发着烟雾
在我幼小的记忆中
承载着的是什么
渐渐地远去
本以为是永驻的青春
在我更加空旷的内心中
再也找不到更有意义的
虽然季节会周而复始
但是远去的我的爱在哪里
不是我送走的
也不是因我而离开
逐渐地淡忘了
我本以为永存的爱情

——金光石的歌曲《三十岁左右》

《三十岁左右》是面临30岁大关的20多岁的青年们在练歌房借着酒劲一定要唱一遍的歌曲。有的人会一边唱一边泪流满面。不，年纪在30岁并不是多么可怕的事情。

在韩国，把从29岁过渡到30岁称为“上一个台阶”，比起祝贺，反而会受到更多的安慰。实际上，年龄长一岁不知是不是值得祝贺的事，但绝对不是需要安慰的事。

从思维活跃的20岁跨进30岁，心态变了，会说“现在不小了”、“现在该成熟了”。连过新年时，各种计划好像都泛滥了。当然，过不了多久，又恢复原样了。

我们的20岁，要承受无数有关考试、失业、前途的苦恼，还有价值观、性格、外貌、入伍、社会适应、成功与失败、金钱、梦想、爱情、磨练等，结束艰险的旅程，进入30岁，生活的稳定与智慧给人以错觉，像是解除了晕车症状。但是，这只是说说而已。

美国发展心理学领域的巨匠弗雷德里克·哈德森博士的《成年人》一书里说：

> 即使成年了，也不一定停止放浪和混乱，这在生活中很明显。我们甚至陷入长途旅行错过班车的迷茫情绪中。看上去左右张望，像是为确认下趟车的时间而到处奔跑，抱怨不等自己就冷漠离开的上趟班车，又因自己没能按告示牌上书写的时间及时到达十分恼火。是即使迟到也要去既定的目的地好呢，还是搭乘现在到的班车，改变目的地更好呢，无法作出决定。这时候脑子一片空白，早把对旅行的热情抛之脑后了。如此一来，最初对旅行的期待像梦碎似的消失了，自信感和希望也减退了。

乍一看，这像是在描述20岁的彷徨，实际上毫不掩饰地揭示了30岁和40岁人的心理状态。如果说20岁是“实验期”，那么30岁就是“最复杂的时期”。说到彷徨，应该认为20岁还是热血沸腾的青春，我们最彷徨的时期应该说是进入30岁之后。认为所有事情都应该完成的30岁的人们，其实什么目标都没达到，看起来岌岌可危。这话是30多岁人们的共同心声。

《达·芬奇密码》（*The Da Vinci Code*）的作者丹·布朗（Dan Brown）这样评价30岁：

> 30岁生日那天早上，3岁的儿子贴着我的耳朵，鼻子轻轻打鼾，猫咪在被子外面啃着我的头发，我被惊醒了。一切好像没有任何异常之处。美国通信公司还没有给我家安上电话，房租也过了期限。我的主要收入来源是拆桥、挖水塘。看看手表，今天又该迟到了。我还是这样躺着发呆，想到一个很难了悟的真实：我已经30岁了，却一事无成。
>
> 我躺着继续想，30岁明明是人生的早晨，为什么我生活在黑暗之中？我想，30岁前途光明的天才已经成了狡猾的老将，眼里有着不可忽视的光芒。否则，至少30岁时，我想我会放弃自认是运动员的想法，让步于其他梦想。可是，当然不是。我还是梦想着，在和朋友们打篮球或是星期天练习打棒球的时候，不知从哪儿冒出个老头，蹒跚着向我走来，对我说：“我正在寻找像湖人队和道奇队那样的选手，跟我走吧！”该死！我好像不是30岁，而是10岁啊，只是过了三次10岁生日而已……我一点长进都没有。

当我在车库取车时，我的妻子辛蒂常常一言不发。

可是我常常一出车库，就滔滔不绝地对她说："快看，好快的光！"

她却站在大门口，大声地说："鸡毛蒜皮的事情，有什么好啰唆的。你给我记住了！你每天有什么进步吗？我们要靠我们自己才能上进。"

我把车"呜呜"地开了出去，第一次像马里奥·安德雷蒂（世界著名赛车手——译者注）那样拐了个弯。

迈向30岁，对20多岁的年轻人来说有很大意义。因此，比起现在，对生活要更有责任感，要自己忍受压迫。在某个瞬间，事业成功，置办房产、家庭幸福、经济稳定、养老准备等都不是问题了，作为父母的孩子来到这个世上，突然间长大了，该作为独立的个体生活了。

所以在越接近30岁时心里会越不安。"三十而立"，意味着应该过和现在完全不同的生活，所以心情忐忑。可是完全没必要这样负担重重。30岁时，人不是突然降临的外星人。30岁只是20岁的延续。想法和价值观，过去的记忆，甚至性格和习惯等都一如既往。

20岁时积累形成的"我"只是DNA进入了30岁，并不是完全换成了一个新的个体。30岁迈向40岁时也是如此。20岁是30岁的镜子，因为20岁所创造的原封不动地带入了30岁。20岁时形成的对生活的态度、关心领域的专业知识、对一生想做和该做的事的反省、维持生计的手段、一辈子的目标等具有连贯性，还将继续进行下去。

有道是所谓“零年转换”或者“十年转换”，是指每隔十年，回到原点重新开始。即，对过去十年间实现的决策和结果做个自我评价，之后再决定以后的十年是继续进行还是改弦更张，这是个深思熟虑的过程。把人生以十年为单位划分，重新调整生活。说到经过20岁，即将进入30岁的情况，要对过去十年进行追溯，这期间，在我的生活中布满了什么新闻，自己进行自我检查。检查过程中，对该表扬的要无限表扬，该反省的部分要充分反省。不久，到了30岁，再次抱着从出生开始重新成长的心态去生活。显而易见，30岁、40岁不是应该焦虑的时期，而是从现在开始就该做准备的时期。所以，20岁是人生最重要的时期。

然后，到了30岁，也许会过得更愉快、更有趣。青年们，拜托在喝酒唱歌时别再像唱葬歌一样唱《三十岁左右》啦。

抓住机会，创造机会。

——［美］帕蒂·汉森

第11封信

世界舞台的主人公就是你

我的工作是教授表演。由此看来，我身边全是演员或表演爱好者，已经认识他们14年了。这期间，在培训学校里遇见的学生有1500余名，把大学授课时的学生人数也包括进来，总数超过了2000名。他们之中虽然大部分是高中生，但20多岁、30多岁的人也有，偶尔还有比我年长许多的人。

和他们一起生活，可以说看得最显著的是他们的“变化”。他们学习和练习话剧和表演，在人际交往上与外界有无数沟通。这样，在某个瞬间，原本是普通人的他们，站到了演员和艺术家中间，这不是很惊人的一刻吗？从我的角度来说，见到演员是司空见惯的，但对一般人来说，不能不认为是很神奇的事。当然，像最近看电影、看表演很常见，演员也没有什么特殊的，但在一般人的标准里，好像觉得演员是另一个种族。

我和很多想学表演而来上培训班的20岁年轻人聊天的时候，感觉他们都很实在。他们说“我想当演员”之前总会加上一句“从小开始”，意思是，活到现在，梦想不改初衷。

当然，他们不可能都成为出色的演员。因为想象中的表演培训在实际生活中体验，会发现理想与现实大不相同。有些事情如果觉得有趣的话，可以坚持着做很长时间，但是表演则不然，如果自己本身不觉得有兴趣，就是万金也难换。

如此一来，学习表演的20岁的年轻人全部全身心投入以求最好，但还是在某个瞬间，错过了岔路口的选择。苦恼是要继续？还是算了？原因是在现实中碰壁，或者感觉自己没有天赋以及其他各种缘由。

但是，他们明白站在舞台上的喜悦。站在舞台上的那一瞬间，现实、天赋、适应等统统都是无关词语。灯光与阴影交替，达到与观众同呼吸，相忘于江湖的境界。掌声雷动之后，看着空荡荡的舞台，不知向何处鞠躬，眼泪流下。

体验过这种经历，贫弱的生活也会感到很充实，这是因为被自信心、成就感等不同元素所组成的微妙感觉所围绕。

20岁的青年们，希望不要空口说白话，试一次，站在自己的舞台上。

作为真正的职业，不是演员也很不错。可以试着以彻底业余的身份，和人在合适的舞台上将准备的东西展现给观众。

想终生表演，如果在幼儿园或小学时代除了“蚂蚁与纺织娘”这样的公演，不曾有表演经历，一定要找个机会挑战演技。我这样说的理由：表演是约定的集合体。

“约定”这个词有很多内涵。一起演戏的人们，在同一个时间、同一个地点集合，这也是某种约定。我说台词，对方也要马上跟上对答，这是一种亲密的约定。因此，约定是表演时很重要的要素。

抱着同样目标的人们在几月几日或几个月会面不是一件容易的事。这种会面应该以信任为前提，应该有“没我不行”的使命感。这种信任解体的话，就会有争吵，演戏就会很糟糕。

所以，在准备表演的时候，整个团体要结成一个小社会。为了达到行云流水一般自然地演出彩排，就要练成像紧紧啮合的齿轮那样天衣无缝的和声。无论谁中途出状况，不仅是他一个人的问题，也会给整个团体带来影响。在预定的公演举行的日子，即使有一名演员不来，公演也要被取消。演戏就是这么辛苦。

所以说在做辛苦事的时候把不平咽下，说这些话都是有理由的。

我的第一次表演是1990年在首尔禾谷洞的一家教堂。

一般圣诞节的时候，作为教堂主办的活动的一部分，要演唱上帝未能铭刻在十字架上的圣歌，但那次不知什么原因，那家教堂没有唱圣歌，代之以展现和我同龄青少年彷徨的话剧演出。事实上，那时候我并不是教堂的圣徒，只是被朋友哄骗着参加了那场演出。

该剧的情节是这样的：

因为偷东西进了少管所的义石从少管所出来，重获自由，他觉得前路茫茫，十分彷徨。这时他遇见了一位没看前路的少女。他无意中得知，少女家境贫寒，正苦于为母亲筹措手术费。为了帮助那位少女，圣诞节那天义石再次走上偷盗之路，留下一张纸条和那些钱在少女家门口，他就消失在了人海中。可是义石再次被警察拘捕了。这个警察就是上次把义石送进少管所的那个警察。得知情况的警察，替义石把偷来的钱还给失主，并放过了义石。最后，义石流下了眼泪。

准备演出的所有演员都是和我差不多年纪的高中生，还都是第一次登台的演员。可是，彩排非常努力，大家都想表演到最好。最终，圣诞节那天晚上，在挤满教堂的观众面前，展示了有历史意义的表演。

结果非常成功。观众对表演反应十分热情，掌声雷动，热烈的掌声好像都冲出了小区。甚至我在彩排时一滴也没掉的眼泪，在公演时，却好像坏了的水闸，泪如泉涌。我一边表演，充满激动泪水的观众一边惋惜地叹息。这是那段记忆中最不能忘记的美好的片段。

自那之后，表演成为我不能割舍的宿命。如前所述，进入大学，参加表演社团开始演艺生活，直到现在。

当然，站到舞台上绝非易事。如果舞台恐惧症严重，会四肢发软，瘫坐在地。无论是谁，站在很多人面前做事会压力倍增，这是很明显的事实。无数双眼睛关注着我的一举手一投足，那种后背凉飕飕的感觉不得不说很恐怖。所以准备演戏的演员们更要彻底地深入练习，要和实战舞台上的紧张感作对比，因此有“练习像实战，实战像练习”的话。意思是练习像实战一样，可实际演出的时候要尽量像练习那样放松。显而易见，充分的练习可以减少舞台上的紧张感，在练习中产生了自信心。

反复练习这个过程，会使人在观众们的注视下产生一种微妙的快感。观众们激动地和舞台上的演员同哭同笑，沉浸在剧中人物和情节中，感同身受。只有获得聚光灯的人才能了解舞台上那扑朔迷离、心脏噗通乱跳的致命的体验。

当然，想成为演员，但条件不足不能如愿的人也有很多。想参与演戏，并不是随时能做到的事。可是如果你是大学生，就无需苦恼。我是说你可以参加大学的演剧社团。在过去的20世纪八九十年代，有些大学里的演剧社团坚强有力，并以最佳社团自居。但是最近，苦于求职的大学生们对社团活动没有什么热情。这句话的意思是，你无论何时去找社团，都会受到热烈欢迎。

如果你是职场人士，也有找到上班族社团的方法。没想到业余的演戏爱好团体有很多。前不久在报纸上看到报道，说江原道铁原郡居民团结起来，举办了业余演剧社的创社公演。参加剧社的都是铁原郡当地的普通上班族和家庭主妇。他们只是单纯抱着"铁原郡也要办一家演剧社"的想法，投入热情，为演出做准备，据说每天排练两三个小时。剧社的总务说："团员都有不同的本职工作，虽然在规定时间里大家聚在一起并不是很容易，但通过演戏大家接触了新生活，慢慢地体会到演戏的精髓，得到了今天的成绩。"

他们果真通过演戏得到了什么吗?

认为人类本质是游戏的荷兰籍文化史学者约翰·赫伊津哈在他的著作《游戏的人》中说：

> 人类的游戏本性在文化上的表现就是庆典，在这种庆典的情况下，不能没有的游戏虽然是非日常的和非生产的，但为了日常生活和生产是必需的、不可或缺的。

精神分析学者弗洛伊德也定义说："人类的游戏本能是原始的。"

公演的英语一般写成"play"。用韩语来解释，大约是"游戏"或"玩"。站在许多人面前将长期准备的表演展示出来的职业，按这话来说就是显示"玩得好"的精髓。意思是不仅仅从中感到了愉快。

并非偶然，和我合作过很多作品因而关系很特别的演员徐英熙，在一次接受采访时这么说：

> 那种喜悦像是中了烈性毒药一样具有毒性，无法用言语说明。没有这种喜悦，演艺事业就无法继续。喜悦是我演戏的原

动力。

当然，对于过着平凡生活的普通人而言，突然说“去挑战演戏吧”这样的话有些突发奇想。但是，像偶尔抬头看看天空一样，把手放在胸前，试着想一想：这样的想法真的一次都没有过吗？如果我预想的不错，大概有80%以上的人会点头。

当然，不演戏也可以。喜欢音乐的话，尝试组成乐队也很好。参加过合唱团或者乐器演奏团就更好了。即将退休的父亲们一定要尝试一次的事，难道不是演奏一次萨克斯？想在更晚之前努力实现心里残留的梦想。想在人前很帅气地弹一次钢琴的人应该也为数不少。这全都是人生中被压下的梦想，可惜了的人的本性。

希望大家试一次，哪怕只是一次去舞台上经历刻苦地努力得到的体验，就可以去享受能找到活着的理由的最佳瞬间。

=

爱的彷徨和变化是活着的理由。

——［德］威廉·理查德·瓦格纳

第12封信

别讲究杯子，享受咖啡吧

有一天，在各自领域都很成功的几个毕业生相约一起去看他们的恩师。他们的对话一直围绕着工作和生活中的压力和不公。

教授为了给弟子们煮咖啡而去了厨房。一会儿端着放了一壶咖啡和几个杯子的托盘回来了，杯子的模样各不相同。

托盘上放着自制的漂亮杯子：普通的塑料杯、缺了口的玻璃杯、干瘪的纸杯子等各种各样材质和模样的杯子。教授请弟子们品尝咖啡。

大家手里都拿了咖啡的时候，教授看着大家说：

“不知道大家看出端倪没有，如果只占着看上去很好看也很贵的杯子，普通的或便宜的杯子只会被剩下。大家都想成为最好的，这就是你们的问题，也是压力的源头。可以确定的是，杯子对咖啡的品质没有任何影响。大部分情况只是稍微奢侈一点，甚至有的时候会致使我们要喝的咖啡消失。你们真正应该想要的并不是杯子，而是咖啡。”

咖啡象征着我们的生活，杯子象征着职业、社会地位、金钱。这个故事如实地告诉我们，在我们畅饮咖啡时，将过多的时间和精力集中于杯子，而非咖啡本身。

最近大学里掀起了一阵“积累SPEC”的风潮，人们在买电脑等电子产品的时候，会在意是高配置还是低配置，对方方面面都讲究。最近说人也有配置一说，就好比定位工业产品时的等级一样，如今竟是把人也划分规格的时代了。

“SPEC”是英语单词“Specification”的缩写，意为“产品说明书”，就是配置。近来是指左右大学生就业等级的一种资格包装或者说是就业的底线。

以往常常把学历、成绩、TOEIC水平、实习经历、资格证、海外研修经历以及社会服务活动情况综合到一起组成一个七件套，最近连整容手术都加进去了。何止如此，为了拥有包括交换学习经历、征文获奖情况、影视演出经历、作品出版情况等的高级配置，大家都在一拥而上。

可是，这种“积累SPEC”的风潮还不是大学生的专有物，最近连中小学生都加入进来了。首尔江南的一些小学不仅管理学生在校的成绩，甚至连TESOL、TOEIC等公认英语的成绩也计入总评。于是，江南的辅导学校圈里又新生了一种重点加强课外素质的培训学校，而给“SPEC”提供管理服务的临时咨询公司仅收取管理费，一年收入就高达数千万韩元，令人瞠目结舌。

一时间为大学生们最热衷于“积累SPEC”而表示忧虑的声音也不是没有。对此，西江大学社会学系教授全相真一边定义说“SPEC与抗忧郁剂有相同效果”，一边分析说“剥离‘对升学就业是否必要’这一点，SPEC是为了具有不落人后的安全感而做的活动”。忐忑不安的20岁年轻人，如果自己不加强“硬件”就会觉得不安。是由于他们相信在这个世界上，自己若没有在某些方面强于别人的“硬件”，就不能得到认同。

但是，事实并非如此。时代在变化。一家企业的招聘主管这么说：“只看‘硬件’就评判一个人的时代过去了，别被‘硬件’骗了。”

《故事赢得“硬件”》的作者金正泰说：

> 记住：被选中的人不是最优秀的而是与众不同的。假设一个机构要招聘一个人，有100个人应聘。按照“硬件”，将这100人分成第1名到第100名，那么第1名一定能被选中吗？人事招人采用的原则中，不变的铁律是“不找最好的，而是找最符合我们要求的”。

因此，比起以“硬件”成功就业的人，无“硬件”求职成功的人的报道反而更加多见。某地方台的报道，一名刚从军队退伍，托业考试准备都没时间准备，也没什么资格证的年轻人，仅凭诚实，就被大企业录用了。这个事例使当下准备求职的年轻人不再陷入迷茫了。

最近大学生热衷于积累“硬件”的原因是没有梦想，即“没有想做一辈子事业的职业”，只关心“在哪儿”工作，却不关心“做什么工作”。即对“我真正想做什么”、“能一辈子带着使命感去做的工作是什么”没有明确认识，把心思都用在了要进入“无论如何，等级品位高的地方”，至于进去之后做什么事情反而是次要的。因此，对大家都在做的积累“硬件”十分热衷，因为随大流就可以了。

如果要找寻“想投入一辈子做的事业”，自然要把“准备什么”、“如何准备”的过程显示出来。从这时起，需要加强的“不是千篇一律的‘硬件积累’，而是更偏重于‘可以直接亲身承担的经历和自己创造的故事’”。只有这样，才能产生决定进入企业机构实现事业，还是堂堂正正独立创业的信心与力量。如果达到这种境界，那么在企业或面试官面前，就会有“不是哆哆嗦嗦，而是游刃有余地选择适合自己的事业”的余地。

外派德国助理护士出身、曾任韩国驻德国大使馆一等秘书的金英熙女士在自己的著作《20岁，把你放到世界舞台》中说：

忽视“硬件”吧，别再揪着不放啦。通过大同小异的资格证和相差不多的托业英语成绩，并不能集中体现你真正的价值。社会生活是解决无数问题和矛盾这一过程的延续。所以，“谁具有更多的、怎样的经验”和“在这个经验基础上，拥有多少解决问题的能力”才是决定是否真正国际人才的要素。

她对年轻人拼命积累“硬件”的行为表示忧虑，并提出了忠告。

当然，“硬件”也是辛勤努力的结果，有了“硬件”就业就能成功好像是很自然不过的事情。可问题是，一个人积累的“硬件”是不是就代表了他的实际能力？这样求职成功了，可之后是不是能找到真正的幸福呢？

最近，韩国国立语言学院宣布将“SPEC”这个外来词大致定义为韩语词汇“能力”。“能力”一词在词典上的解释是“自己明辨事情以及积累明辨的能力”。比起无用的积累“硬件”，说成带着些许关心的积累“明辨的能力”，多多少少在条件不足的情况下，有了能克服的可能。

“硬件”和故事，你现在在享受咖啡吗？还是只热衷于杯子？

第13封信

不曾失败过的青春不是青春

和学生见面谈话的时候，经常听到这样一些话：

“不想过一大早出门上班，一直工作到很晚的生活。想工作的时候工作，想休息的时候就能休息，想找到这样的职业。”

“想过一种能挣很多钱的，同时时间上还有余暇的生活。”

可是很多年轻人一边梦想着风光有派的生活，一边相信这种生活无论什么时候都能自然而然地实现，因而连努力都不去努力。这些人如果真正面临要承担重担，只会选择逃避。害怕挑战，还狡辩说觉得以后什么时候再做都行，而不是现在。辛苦或危险的事情不想做，还说挑战是一种盲日轻率、没有安全感的事情。这是无知之言，只求安稳，一副没有雄心壮志、没有热情的样子。

为了得到某种珍贵的东西，忍受危险，这种挑战是必要的。在股票用语中有句话是“*High Risk High Return，No Risk No Return*（高风险高收益，没有风险就没有回报）”。意思是承受高风险，就有相应的高收益，不承担风险，就不能得到相应的回报。但这句话并不仅仅用在股票投资上。看整个人生的时候，这句话也是适用的。

《你，孤单啊》的作者金亨泰先生用20岁的年轻人所用的语气反讽说：

> 20岁的人，一定想做的事，没有；一定会做的事，也没有。胆怯，无比惧怕失败。没有确定的保障就绝对不去尝试。这样一来，只寻思着能不能在方便安定的职场挣到大钱。

现代的年轻人依旧没有胆量去承受风险，不能勇敢地实现自己心中所想，妥协于现实，得过且过，做梦都没想过“高风险”，只想以“无风险”的方式生活，让人觉得无比寒心。

哥伦布远航，最终发现了新大陆。越过国境，到了世界边缘，伸出友好之手的韩飞野，得到了所有人的尊重，也是投身危险而得到的结果。

瑞士旅行家艾拉·梅拉特用以下这段话说明了自己为什么不惧艰险去旅行：

> 挑战对我来说永不停止，像是鞭策。危险就像是人生中的调味剂。旅行时突破自己的身体、精神极限的兜风，困难会刺激我。我承认，我需要那种在克服很难克服的困难后的极大满足感。

可是，我们的年轻人是怎样做的呢？怕失败，怕伤害，怕辛苦，怕后悔，怕浪费时间，选择去逃避。可是却把时间用在了别人都做的所谓“积累硬件”上。因为认为这样最保险。行动上逃跑，怕伤着自己而摆手。

曾是《今日美国》（*USA Today*）发行人的凯西·布兰克在其《布兰克的法则》一书中说：

> 承担风险的事是有些可怕，但同时也很令人兴奋。只想着失利的事情，难免会郁闷，但想想高风险之后带来的高回报，岂不令人兴奋？但如果积极地去看待，并善用，风险也能惊心

动魄地去享受。很多人以为高风险是不必要的，极度的风险更是徒劳的。但是，规避风险并不意味着一定安全，因为没什么能保证生活是顺利平坦的。

应鼓励大家去挑战。

因为我职业的特性，周围有很多演员或希望成为演员的人。他们的共同点是很明确自己要做什么。他们是从很小开始就为了自己选择的路而一小时都不休息、为了梦想而来的人。大概，普通人认为梦想成为演员的人，追逐着这样一个虚幻的梦想，是不成熟的表现，但我并不这么认为。

他们在把演员当作梦想的那一瞬间开始，到找到学习表演的地方为止，经历了一个很不容易的过程。小时候“想当电影演员或艺人”这样的梦想，一次都没有想过的人很难说没有。但是他们全都没有受过系统化的表演教育，只停留于脑子里想想。对于普通人来说，推开表演培训学校的大门，是需要非同寻常的勇气的，因为要承受表演上能不能成功还是未知数这样的风险。

美国布拉德利大学的教授斯托纳在他的著作《挑战挫败》中说：

转化为行动的才是真正的勇气。“采取什么样的行动”，往往也包含着一定的风险。勇气这种东西，并不是“因为要对失误产生的原因进行完美分析”而产生的。不是确信当前方向，也不是下一个阶段自身自发产生的。在失败的可能很高、成功的保障又很低这样有风险的情况下依然采取下一阶段的行动，这就是勇气。

强调了真正的勇气存在于即使恐惧也去承受风险的行动里。

当然，特意寻找可有可无的风险去承受也是不必要的。最近，有时候尽管有真正想做的事，却不能付诸行动。无论是谁，如果做自己想做的事要承担一定规模的损失或者存在危险因素，在付诸行动之前都会踌躇不已。

但是，每当此时，问问自己吧。这是不是“因为那种程度的问题就能抛弃不做”的小事情呢？

承担了世界首例三胞胎分离手术风险的美国约翰·霍普金斯大学医院的本杰明·卡森博士说：

成就不是“安于现状”而是在“变化”之中。而且变化虽然有程度差异，但往往伴随着风险。结果，成就如何就取决于怎样去很好地承担风险。

如果梦想着有与众不同的未来，就必须有勇气去承担变化带来的风险。

因为害怕失败而什么都不做就是真正的失败。

现在的你，因为害怕失败而踌躇不定吗？青春的失败是一枚勋章。所以，现在立刻去挑战吧！

第14封信

20岁，为了成功，独立吧

在韩国，事业的开始一般称为“创业”，但在日本，比起“创业”，“独立”这个词更为常用。

怎么看都觉得比起“创业”这个词，“独立”更具有现实意义。独自在不毛之地撒下种子、浇水、用心地培育，这样的事实是真正的独立。

最近，从年轻时候开始创业独自成功的人很是引人注目。看到这些人，普通年轻人可能会觉得“那个人家里很有钱或者天生会做生意”。

“像我这样的普通人想都别想。”但是，事实完全不是这样。他们也是在品尝成功的甜蜜以前，很多个夜晚因为忧心而失眠，咬紧牙关，重复着一次又一次的失败，才有了今天的成就。也就是说，他们是在和正在读这本书的你们没什么不同的情况下开始的。若说有差别，那就是在你们不断犹豫的时候，他们在直接冲撞、激烈挑战。

很多人认为成功的企业家或者CEO天生具有企业家气质，但事实并非如此，其成功更多地源自他们在年轻时盲目挑战带来的磨练。苹果的创始人史蒂夫·乔布斯也是21岁时才创业，23岁成为百万富翁；菲尔兹太太曲奇公司的创始人黛比·菲尔兹在20岁时开设了巧克力曲奇饼店，现在已在全世界开了600余家分店，雇用的职员也超过千名；在韩国以Panasonic闻名的日本松下电器公司的松下幸之助以及索尼的盛田昭夫也是在20多岁时创业，最终取得巨大成功的人物。他们的初期创业都是源于很小的点子和有勇气的行动。

可是即使听了世界名人们的20岁故事，我们的20岁年轻人还是毫无表情。之所以如此，是因为在他们心中，史蒂夫·乔布斯或盛田昭夫这样的世界巨头企业家是“神一样的天生的企业家”的意识更为根深蒂固。这样的话，下面的例子该如何说呢？

创新科技公司的金志元是我们身边随处可见的韩国20多岁年轻人的代表。最近在首尔弘益大学门前或者明洞经常能见到的那种“耍招牌表演”广告营销形式（一种户外营销策略，拿着一个箭头形的招牌，刷着各种花式来吸引过往驾车者的注意力），就是他的创意。金志元在美国第一次见识到了“耍招牌”表演，然后就不管三七二十一，去找到美国本部，取得了韩国总版权。他在大学建筑物楼顶上设置了会议室开始创业，现在他的公司已经成长为首尔市选定的“社会企业”。

金志元看到在大企业苦苦挣扎的亲哥哥的样子，就想“我真的该去找一份幸福的工作”吗？然后听了前辈“为什么要做别人都做的事情？去走99%的人都走的路是不可能的，走其他1%吧”的忠告，选择创业。

金志元对周围人“不是找不到工作才去创业吗”的嘲讽这样回答：

> 找工作真的是自己想做的事情的话，肯定全身心投入啊。可是自己确定想做的事情是创业的话，就是一种挑战。创业也是有无穷无尽的想法，但因害怕失败而不去挑战的人有很多。不去实施的想法是无用的。实际上既有想法又去实践的人占创业者的1%还不到。希望大家不要走别人都走的路，而是不要犹豫去挑战自己真正想走的路，而且不要做半吊子半途而废，要奋斗到底。

但是大部分20岁的年轻人认为从学校毕业后，理所应当去正规职场才是生活的顺序。认为创业只是无谋盲目的人或有钱人才做的，对一般人来说，只是个故事。他们忘了，创业也是生活方式当中的一种。

尹英杰的《30岁，向父亲问路》中，把承受风险的创业和工薪阶层作对比，有如下表达：

> 工薪阶层好像是加入了能保证月收入，但利息很低的定期储蓄。年轻时候不勇敢去做号称“risk taking”（承担风险）的创业，代价就是组织可以随心所欲地让你交出位子。

意思是在企业里过组织生活的工薪阶层比起创业者有稳定的收入，但是做的工作要按照组织内规定，所有的生活模式都要与组织相配合。吃的、住的、长短期的日程以及以后的规划等，都要按照上级的指令来做，这种情况很多。当然，已经适应了这种生活的人将按照组织规定去行动看做是一种安乐生活，对没有组织规则束缚的生活想都不敢想，对于冲破现状、自己决定感到恐惧。

20多岁的时候拥有事业经历与单纯的代替找工作到挣钱的层面上有不同的意义。20岁开始的事业可以成为改变整个人生的强有力的原动力。做事业的人们说：“一分钟都不想成为工薪族。一边从星期一到星期五像钟摆一样来来回回、反反复复，一边要在规定时间吃饭的生活无聊得没法说。”

而且，事业上了一定轨道的话，就和以前不同了，可以根据本人的意志来调节工作时间和休息时间，从这一点说，20岁的工作使30岁、40

岁时拥有更悠然的生活。

如此一来，就有必要在20岁时，测试一下自己有没有开创一次自己事业的素质。下面就是“自己开创事业的人”、“有没有做CEO的素质”的有关测试。

答案为“不是”得1分，“普通”得2分，“是的”得3分，综合总分，可以检测自己有何种程度的CEO气质。

比起安定生活，更倾向于挑战和冒险。

比起听别人指导，更喜欢照自己的判断行动。

即使工作繁忙、事务缠身，只要有成就感，就满足了。

只要一想，就马上行动。

比起坐在桌前工作，更喜欢移动性的工作。

和陌生人见面不会觉得不方便。

说服别人不难。

拥有带给别人深刻美好印象的魅力。

无论在何地，都主导场合气氛，站在前列。

谦逊，首先低头的姿势已经渗透到骨子里。

相信服务理念是所有事业的关键。

比起朝九晚五的生活，反而更适应半夜工作，白天休息。

即使是周末，如果需要，随时做好工作准备。

从一个项目里出来，苏醒的时候思绪还不能马上转移。

见到事业成功者感到热血沸腾。

无论在哪儿都有好奇心，认真观察。

是个爱惜图书的“读书狂”。

37—50分：具备成功CEO的天生气质。

25—35分：彻底准备的话，可能成为CEO。

17—24分：成为成功CEO的不足之处很多，能力尚缺。

经过上面的测试，如果是拥有成为事业者的资质，那么希望20岁时一定要挑战一次去创业，拥有事业经历。任何行业、任何形式都可以。在周围找找最能做好的事是什么吧。史蒂夫·乔布斯就是在厨房里喋喋不休时，看到厨房的家电用品，想到“把电脑放进塑料盒子里会怎么样”，由此开始创业；比尔·盖茨在史蒂夫·乔布斯的电脑普及之后，就想“要是有免费的电脑游戏可以交换就好了”，由此创立了微软。

20岁时的失败会成为“千金难买”的珍贵经验。20岁的失败不是失败，反之，“无风险”的人生才是真正的失败。

金达国在《29岁之前不能不做的事》中说：

比起朝着自己目标努力却失败的人，因害怕失败而什么都不做的人才是更大的失败者。前者在失败中学习再崛起，而后者看似没有什么失败实际上已是完全失败了。前者是事业的失败，而后者是人生的失败。

实际上，由失败走向成功的例子不知有多少。韩国的建筑公司——乐天建设可以说是典型的由失败中崛起转为成功的代表性企业。乐天建设在施工现场一边进行施工，一边召开公布失败教训的所谓“失败发布会”，这种“失败发布会”具有将失败事例从另一个角度转化为成功的效果，为了不让同一个错误再次出现，而成了良好的反面教材。开诚布公地公开企业内的错误事例，并强调“克服失败的方法是秘密，但失败本身不是秘密”。

真正可怕的事情不是失败，而是自身害怕失败。青春时节，是马马虎虎按着定好的剧本过着被束缚的生活，还是冲破束缚过另一种完全不同的梦想的生活，这取决于承担风险的心理准备。

安哲秀教授在一次电视采访时这么说：

> 自己能给自己的最大礼物就是给自己一次机会。什么事做得最好，做什么能过上开心的生活，给予这种机会就是最大的礼物。

挑战，就是给自己机会。给自己机会就是最终勇敢地去行动。无论何时，问题就在于此。挑战越快越好。20岁去挑战的话，总会有某种形式的果实。

在真正打动你内心的事情上，全身心地投入吧！

你一定要成为那个与众不同的1%！

=

青春不是骄傲，青春是一种艺术。

——［英］奥斯卡·王尔德

在前面，说了20岁年轻人一定要去试着做一次事业，那么，“是什么事业”、“怎样去尝试呢”，为了给提出这些问题的大家解惑，下面讲几个小故事吧。

我本人就是20多岁开始事业的，无意中和20岁梦想着事业的你们相符，大家提出的问题整理如下。

“真的想创业，可现在筹资很难。”

“投了那么多钱创业，万一失败的话……啊，想都不敢想。”

年轻人们开始创业时最大的感受就是资金。这是理所应当的，为了事业，资金是必要的。但是我在创业的时候还真没有考虑过钱的规模。

人们往往在说起事业时，以让·德·拉·封丹的寓言为例子，是那个“鸡蛋孵化生成小鸡，鸡卖掉买猪，再养猪生出小猪，再卖掉买牛”的寓言。这是一个起初很弱小，最后变得强大的故事。重点是说即使从很小的事情开始，慢慢培养也可壮大。

其实，利用很少资本做大的故事有很多很多。有的故事说有人向每周末都带着方便面、喝温水登山的人卖方便面，攒了钱创业，开了加油站；有的故事说有学生在世界杯那个特殊时期，贩卖应援工具盒坐垫，挣够了四年大学的学费，等等，不一而足。

但是，梦想创业的年轻人可能大部分想用一笔巨资创立一家大的公司。可是，处于少数行业，以这样大的规模起步是完全没必要的。即所谓“低风险，高回报”。

投入少量资金起步，慢慢地试探事业是否有做大的可能性，收获到一些成果的话，可以防止大的资金流失，不仅如此，对开创事业的自信感也会有好处。还有，万一事业失败，也不会受到很大的打击，比较容易东山再起。

可以试着把自己住的房子作为事业的办公场所，因为可以用家庭住址去注册公司。宣布事业起步的信号弹的就是营业执照。把家作为办公场所当然就省去了租房子的费用。再加上一部创业必不可少的电话就完事了。此外再有一台能上网的电脑，具备打印、传真功能的一体机，自己家就足以充当办公室。无论怎样的创业，有了这些条件，再通过好点子，一个通向成功的良好事业场所就重生了。

接下来，应该做的是找一些可以不必支付高薪的员工。当然如果你有能力，能独立担当大部分业务，八面玲珑的话就最好了，也就是说光杆司令式的起步。稍稍用心，卖出产品，就能初步解决资金问题了。在韩国一些门户网站，只要搜索“创业援助”就能看到无数条信息蹦出来。从只要有知识和想法就能创业的“中小企业之窗”（www.ideabiz.or.kr），到“个人创业援助”（www.ibiz.go.kr）、“小工业者创业援助中心”等等，从政府层面援助创业的方式非常多。有确定需要的项目的话，可以试着去申请这些创业援助的支援。

如今已是移动通讯或智能通讯的时代，有许多针对使用者需求的、仅凭机会心理就能创业的机会可供选择。我们正处在可以仅凭好点子和好技术就能取得大成功的时代。

问题是创业应该有颠覆固有观念、更具创意的理念。美国斯坦福大学的蒂娜·齐莉格教授将听课的学生分为14个小组，给每个小组发了一个装了5美元的信封，要求他们以此为经费，在2小时内想出某种方法，只要能取得收益。开始学生们都感到很惊慌，但不一会儿就冷静下来，开始提出划时代的想法。开始只是一些“买彩票”、“去拉斯维加斯赌一把”这样比较普通的点子，慢慢地对传统思考方式提出异议，想到能创造最大价值的点子。先预定一家据说每到午饭时间就人潮汹涌必须排队等位的饭店，然后向排队等候的人们出售预约券，或者向学校的学生们提供自行车打气服务，每次收费1美元，各种各样的想法都涌现了。

2小时以后，这5美元的收益率少说也有4000%。

如果是你的话，会怎么做呢？会以为5美元是小钱，不可能以它创业吗？显而易见，这是受老旧思想的束缚所产生的不对的想法。

第15封信

年轻的时候，多去尝试，即使失败了也是一笔财富

有些人，不管开始做什么，都从过去开始说起，炫耀、嘟囔。

“学习好……”；

“多次去旅行……”；

“那时候应该那么做……”；

“应该在年轻时候做……”；

……

人们回想起年轻时候，常常会长叹一口气，对到现在还没成功的事再三后悔。可是，后悔什么事或者以年龄大和时候晚为由而犹犹豫豫有什么用呢，下面的这句话值得深思：

“觉得晚了的时候是最成熟的时候。”

对任何事情而言，没有什么迟到之说。只是自己造了一个“晚了的”年龄当标准，然后再去遵循，就如被自己造的铁窗关住，连动也不敢动。这话的意思是说铁窗的钥匙其实在你自己手里。

美国著名演讲家史迪夫·钱德勒揭露了以年龄作借口逃避挑战的事实，他说：

> “因年纪大而不打算去努力”是谎言。事实上，为了达成梦想，改变道路或挑战新事物都不是易事。比起放弃现在的安定生活去迎接挑战，就这样安安稳稳地过日子的心理更强。每到这时，为了将懒惰和惧怕合理化，年龄就成为了挡箭牌。像这样的正当理由哪里去找啊。

如果有“错过了某种学习的时机”、“忧伤于平生想做的事没做成”、“这样大的年纪开始的话果然能成功吗”这些想法并为之苦恼，答案就是：

“就是现在啊。”

已故世界著名大提琴演奏家米提斯拉夫·罗斯特罗波维奇直到70岁高龄，也一天未停止过大提琴演奏练习，还说如果一天不练，技艺就会生锈。他如实向人们展示了他的学习与练习的热情与年龄无关且持久不衰。更何况在20岁的年纪，如果不去挑战新事物，只能说是愚蠢。

屈指可数的世界级权威现代舞蹈家之一、舞蹈家洪信子大学时代学的专业是英语，27岁才开始学习舞蹈，最终成为令世界刮目相看的舞蹈家。《行军行到地图外》的作者韩飞野高中毕业六年之后才进入大学，之后作为世界宣明会的紧急救援小组组长，行走于世界各地。撰写了《南汉山城》《公无渡河》等小说的作家金勋到50岁才开始练习骑自行车，得到“自行车手”的美誉，52岁才开始写小说，成为感动韩国的小说家。做什么事情，不是取决于什么时候开始，所有的问题在于意志。

如果现在有一件你梦想要做的事情，不想因年龄成为障碍而错过，就应该认为现在就是马上开始的时机。

从我开办的培训班里出来的，就有30岁才开始学表演，31岁才上了艺术大学的朋友。他从理工类大学毕业之后，度过了数年的职场生涯，结果找到了自己梦想的生活，为此抛弃了一切，选择了学习之路。他曾回想起自己被艺术大学录取的时候，说：

在选择这条路时，付出的代价是我这一生中最大、最痛苦的。但即便如此，我也要演戏的理由是，这是我一生的目标和明确的人生计划。当时这样选择的时候，没有一个人站在我这边，那是孤身奋战的状态啊。朋友、亲人，全都不赞同我的决定，他们觉得我特别盲目轻率。辞去了工作，所有的生活费、学费都只能靠在夜市上打零工来赚取。

这个朋友不久前举办了自己的首次公演，在演员的梦想之路上又迈进了一步。虽然放弃了稳定的工作，选择了无比困窘的演员生活，但他每天都是幸福的。虽然是较晚才下决心，但不是错误的结果。

机会这东西，不知何时会降临到我的头上，然后又像烟一样散去，但是却不知我手中紧握的也是机会，因而虚度光阴的情况有很多。

年纪大了才开始做某事并不是罪恶。可是，想着“做某事有些晚了”的懦弱心理却是一种罪恶。

如果你因为比别人更晚开始，而感到负担沉重的话，就想想“难道我没有比别人更努力的心吗”。即使比别人晚出发，努力就行了。

我在电影拍摄现场工作的时候，见到的人里面给我最大灵感的不是别人，是演员白允熙。他年过60岁还参加了名为《战争的技术》的电影拍摄，其中有和年轻人格斗的场面，当时所有演员都为他捏着一把汗，但白允熙毫不在意。他的秘诀是每次辛苦拍摄后都去做运动，坚持不懈。看得出他之所以能具有连年轻演员都比不上的爆发力，是因为他付出的与年龄不符的努力。

记住吧：不是晚了，而是没有勇气。开始就是成功了一半？不，记住：开始就是全部。

=

不曾失误过的人，是一次也没有挑战过新事物的人。

——爱因斯坦

第16封信

以一个充满好奇心的策划者去过日子吧

说起策划，很多时候认为是指做项目、公演、广告、展览以及市场促销的专家；是指创造出新颖奇特的点子的活动性强、专业的群体；或者是那种高水平的、拥有创造性的想法和个性的可称为重武器的人。

但是，“策划”这个词在词典中的解释是“安排和计划事情”，策划本身事实上没什么了不起的，说的是任何人在生活中可以做的事情的一种。日本的策划研究所创始人悴田进一也说过：

> “即使不是专门策划，拥有这种策划能力的普通人还是很多的。”策划力是“对于你想做的事情，怎么去做才能对你最有利”的一种必要的能力。即便是带着小小的目标去做的事，那里面也有策划的存在。

你决定这个周末和恋人去某个地方，事先搜索要去的那个地方的美食店，构想回程中的几个小节目，这些都可以说是出色的策划活动。不止如此，为了朋友聚会或生日派对找地方，列出要准备的物品清单，这也是生活里的策划。

结果可以看到，策划是有明确目的的高度敏感行为。专业策划要对生活中遇见的所有事物、所有想象都保持关心，带着好奇心去关注。对一般人而言，漠不关心擦肩而过的事，专业策划要有敏锐的反应，随时记下，然后立即转向另一个方向。

对他们来说，策划不仅仅是工作时间进行，而是已经渗入他们的身体，是和生理需求一样的习惯，是一种强迫观念。

因此，强迫观念是专业策划人必需的要素。因为如病态般的高度敏感，最终将之具体化，做出能表现的实体的行为是策划者的义务或生存战略。

但这并不是说要大家对每件事都伸出触角敏锐反应，更不是说像专门策划者那样职业性地带着压力去生活，只是开放你的眼睛和耳朵，带着感情和好奇的态度去观察事物。

走路时碰到的许多横幅或招牌，地铁站台上见到的许多广告，无数人喜爱的生活用品，日常生活中接触的广告，孩子们喜欢的明星，成年人偏爱的歌曲，使书店街变得喧闹的特惠活动，让世界变得沸腾的电视剧……如果有人把这一切都当作毫无意义、自生自灭的公害，也有人能在其中找到自己要做的事的最重要的解决要素。产生好奇心，然后这种好奇心又转化为关注，再诱发新的好奇心，这是一个良性循环的过程。

希腊哲学家亚里士多德说过："人类天生就具有探索未知的欲望。"

英国诗人塞缪尔·约翰逊把人类的好奇心说成"最初出现、最后灭亡"。

《少了一部分，为什么更值钱》的作者马修·梅伊说：

> 好奇心如果脱离了对象的善恶有何不同？对远处的事物、难理解的事物的求知欲是人类最原始的欲望。人类就是为了满足好奇心，而背负着必须远行的命运，由此产生的存在。

对人类而言，对周边发生的所有现象都给予关注，抱着极大的好奇心这件事，是和本能一样，是欲望的一种。但是，我们自己按捺住这种欲望而生活着。因为我们学过：最好是只关注一件事，只深挖一口井，才是成功的捷径。

没错，在某一个领域成为专家是很了不起的事。可是，如果突然从某天起，对自己的专业领域感到腻烦了怎么办？即使这样，噙着眼泪，去做这不得不做的事，这还能说是幸福的生活吗？

虽然大部分人说即使腻烦了也不得不做下去，可我觉得这难道不是因为事实上没有其他值得不顾一切投入热情的事，而不得不继续做吗？

俗语说："独木不成林。"与其像光杆司令一样只关注自己领域的事，不如怀着深切的好奇心去关注各种各样的领域，这或许是一种更有趣的生活。应该将生命中所有接触到的，都认为是我的血肉的一部分。

我在通讯社担任全面负责大型音乐会的策划人的时候，见过一位K社长。他在一家很红火的报社任社长的时候，某个瞬间忽然对自己的工作感到索然无味，就勇敢地递上了辞呈。之后他与朋友一起，创办了一家平生梦想做的电影宣传公司，现如今每年的销售额达数亿韩元。当然最初的时候，有很多生疏而艰难的情况，但是K社长一点都不后悔。因为他确信，这所有的苦难都是自己数年前就计划准备的事情的一部分。这不能不说是惊人之语。更加令人吃惊的是，最近他以50岁的高龄，开始学习打鼓。还说想明年去挑战一下，参加"上班族业余乐团"的演出。这也是他说的"按照数年前就准备的自己的人生设计图"而采取的行动。

曾看过那部带给无数人感动的电影《牛铃之声》。这是一部在独立电影史上，第一次观影人数达300万人次的电影。电影被观众们一传十、十传百迅速传播，直至得到"最佳影片"大奖。虽然导演李忠烈在获奖感言里说"所有成功都要归功于观众"，但我不这么认为。

《牛铃之声》的主人公是老牛、老爷爷和经常埋怨老爷爷的老奶奶。这是和日常生活一点特殊之处都没有的平凡的日常生活本身，可是导演在这许多的景象中引出了剧情。老人凝视着垂死的老牛的样子，成功地使观众们泪湿双眼。真实感人的情节使电影最终达到了空前绝后的独立电影的高票房。导演在别人都不屑一顾的素材上发掘出不平凡的剧情，这不是运气，是作为策划人发挥能力才可能做到的。

再次刷新韩国电影票房的奉俊昊导演的《怪物》（中文译作《汉江怪物》）或尹济均导演的《海云台》也是如此。此前，我们沉迷于好莱坞的怪物影片或灾难影片。也就是说，对观众而言，怪兽或灾难并不是什么崭新的存在。可是谁也没想过"如果汉江里出来怪物怎么办"、"如果特大海啸冲击海云台怎么办"。因此奉俊昊、尹济均导演的策划力大放光芒。

结果，无论多小的事物，使其变身为巨大宝物的是满怀好奇心关注事物的视线，反之，像对垃圾一样使宝物蒙尘的是漠不关心的目光。

像拍摄电影或电视剧那样，作为人生的演出者，满怀策划生活的热情吧。带着更多的关心去凝视我该活出的人生，带着好奇感就能够操控我真正希望想要的是什么。带着关心对待周围的所有人和事物，重新问问他们"我是谁"，问问自己"他们是谁"，并寻找答案。

职业管理专家全美玉强调要有策划理念，她说：

这个世界今后将给具备策划理念的人更多机会。善于策划的人并不单指想法具有创意的人，也包括做管弦乐团指挥或电影导演做得很好的人。

带着自诩为策划者的心态去生活吧。策划自己的人生，策划要做的事情，策划自己应具备的想法，这样就可以预见，这个世界将充满了不起的项目。任何有价值的东西都不会从天而降到眼前，只有睁大眼睛仔细找寻的人才能区分它是宝物还是垃圾。

〓

虽然为了别人而活很容易，任何人都可以做得很好，但是我请求你，为自己而活吧。

——［美］拉尔夫·沃尔多·爱默生

第17封信

不要激烈而小心，要细心而勇敢

在人的一生中，制定目标，得到幸福，或追求它们的过程里，大部分经过的环境会给我们造成心态或性格上的影响。

世界上最大的广告公司——宏盟集团的子公司DAS的总裁兼CEO汤姆斯·哈里斯（Thomas A. Harris）在他的著作《冲动》（*Instinct*）里将性格对成功的影响整理成如下一段话：

> 凯伊·科博劳伯斯从小就有很强的冒险倾向。3岁的时候，和姐姐去幼儿园，闹了脾气，没得到妈妈允许就自己找路到了幼儿园。虽说每次都是马上就被送回了家，可是，这样敢于挑战，什么都不怕的性格，帮助她在未来创立了美国网络，并成为首位女性广播公司总裁。她读大学时，学的不是经营，而是理科。为了成为企业经营者，她是否参加了一些其他正规培训，也不得而知。某种特殊性格可能会对人的成功起决定影响，我猜这就是科博劳伯斯的成功带给我们的启示。这么多年来，我和很多企业家、专家结识并有合作，我也相信这一点，即他们的性格特质是他们自身成功与否的基础。

与其说特定的性格取决于人的自身努力，不如说事实上是被从幼年开始到成长期所处的家庭环境所左右。闻名韩国的美国经营学专家彼得·费迪南·德鲁克在他的《彼得·德鲁克：CEO的八种品德》中这样说：

人的生活不是始于国家、企业或学校，而是家庭。虽然舆论界的各种各样的论争像星火燎原，但对在家庭关系中发展的人类的属性却有一致的见解：人的性格是在家庭生活中形成的。这是父母们的重要任务中的一项，也是幸福与忧郁的起源。

这从根本上强调了人的家庭环境的重要性。

就像从父母那里继承血肉、眉眼一样，这种性格也自然而然地给身体留下铭记，意思即是很难改变的。金正云教授也说：

从事心理学研究近30年的我可以很自信地说，人是绝对不会改变的。不仅是我，最近的性格心理学理论也这么主张。人在一般情况下是不能改变的。

与最近强调“变化”的社会氛围不符。

我也同意这一点：人是不会改变的。可能这是很多人感觉到的。男人也好，女人也好，在成长期养成的气质和性格会持续不变，直至一生。一般男女在交往的时候，总希望互相能有什么改变，这是绝对会失败的，百分之百会失败的。

何至于此，急性子或阴郁易发火的性格、折腾人的语气，以及特别善良看上去经常受伤害的性格，也是一样难以改变的。所以，希望那些为了改变自己而付出努力的人绝对不要失望灰心。

自行改变了自己的那个瞬间就成了矫情做作的人，而改变了别人的那个瞬间意味着试图支配对方。不要再做无用功了。可是我们有没有可能向积极的方向改变呢？不要试图去改变性格，而是该去转换想法。

急性子若是发挥积极作用的时候，可能转化为做事的促进力和活动力；发挥消极作用的时候，就表现为急躁。小心敏感的性格得到积极发挥的时候，就变现为细致讲究。发挥消极作用就是优柔寡断、歇斯底里。利己性格也是如此，积极作用是爱惜自己、自重自爱，对自己的事情彻底负责。可负面效果是只想着自己，不考虑别人的立场，造就不佳的自私气质。

看看周围，唯独能看到急性子的人。在红灯变为绿灯之前急匆匆出发的人，有之；在饭店点了菜之后一会儿都等不及一直训斥服务员，或者在自动售货机买咖啡，咖啡还在流就伸手把纸杯拿出来的人，有之。因为这种倾向，韩国人才被认为是以“快点快点”而著称的以急躁心理为本性的民族。这也被认为是“在剧变的现实中，为了不被淘汰，苦苦挣扎的”现代人的慢性精神病。

我也是别人眼中的急性子，偶尔也会发火，所以被周围人腻烦的时候很多。真的不知道为什么，我现在有些承认这一点了。为了改掉急性子，虽然曾经做了很多尝试，可现在不那么做了。因为在某个瞬间我突然意识到，我的个性是绝对不会改变的。现在，我因为我的急性子，获得了很多，有时候也肯定自己这种个性。

一般人认为，比起那些做什么事都悠然有余、细致讲究的人，做每件事都一贯急性子的人把事情搞砸的几率更高。这是因为急性子被认为是不稳重的性格。但是这种不能成为急性子的习性，根本没有必要去关注。反正我现在开始寻找着急性子的有益的一面。

实际上，对于将要开始做一件陌生事情的人而言，所谓急性子的倾向好比是神赐予的礼物。像笑话里说的那样，“山外有山，人外有人，高人外还有急性子”，急性子的人在做第一步的时候，往往已经想到了第三步、第四步，并开始行动了。轻易看不到他们做什么都缓缓地、慢慢地进行。这种人具有一种做什么事都要一日千里的性情，只要这样做完，才能伸开双腿睡大觉。一旦开始做某件事，就是熬夜也要完成，完不成就睡不着。众多事业成功的年轻CEO都是急性子，而这也大力地促进了他们的事业。大部分急性子的人由于自身的性格，可以不顾周围冰冷的视线，有“一件事也能大声喊出来的人”或“推土机一样有促进力的人”这样外号的概率很大。因为急性子的人是“今天想到一件事，就马上要实行”的那种人。

成为韩国企业界话题的图书《日本电产的故事》里，介绍了他们有趣的新员工录用方法。即“快速吃饭测试”、“大声说话”、“打扫卫生间”、“长跑”等独特的测试方法。其中“快速吃饭”是表示“吃饭快的人能成功”的一种测试法。

日本电产会社的社长永守重信在一次采访中说：

> 日本电产涌现出世界性的发明居世界前列，是谁造就了这一切？就是那些吃饭快、说话大声的人们。

在此值得注意的是，此书出版后，有几家手快的公司引进了日本电产株式会社的方法，也取得了成功。曾任LG CNS最高经理人的韩国经理人联合会会长郑炳哲说：“LG的‘革新学校’里也有打扫卫生间、自行结队解决等项目，部分参考了日本电产的事例。”还有京畿地区的一家中小企业主也说：“我们从几年前开始，也像日本电产那样录用吃饭快的人了。”相对于以学历、英语成绩为主的录用方式，这种方式在团队适应性上更好。实际上，《财富》杂志（韩国版）和Incruit（韩国就业门户网站——译者注）曾以企业的人事负责人为对象开展过问卷调查，结果显示，一半以上的回答者说：“吃饭快的人确实工作好。”看来，对今后20多岁的想就业的人来说，快速吃饭也成了一项“硬件”了。

小心谨慎的气质也是一样。我讨厌“小心”这样的话。这是因为尽管小心谨慎只是人的气质或性格中的一种，但对别人说“小心”的那一瞬间无形中贬低了对方。所以，比起“小心点”这样的词语，我更多地用“细心一些”来表达。因为“小心”和“细心”只是文字上略有不同，根本意义上是相同的。实际上，“那个人真是小心翼翼啊”像是侮辱，而“那个人真细心啊”这种表达在语感上变成了称赞。

美国自我开发领域最具人气的作家伊利斯·布努在她的《小心的人成功更快》一书中说：

> 尽管很多人认为小心的个性是消极的，但小心并不一定是一件坏事。小心有“怯懦”之意，但同时也有“很谨慎”之意。在某些领域，能区分做得最好的人和做得第二好的人的差异很小，考虑到“细节”，小心谨慎的人更细致，这就成为完

美造就这个人的主要因素。

他在书中大声疾呼，人们应该稍微更细心、更谨慎一些。

日本心理学界的权威格雷格·克瑞奇对小心谨慎的人们这样说：

> 小心谨慎的人不安的理由是想取得成就、想比别人优越、想成为有价值的存在等欲望。如果这种欲望积极地表现，就成为热情。

他强调了发挥小心谨慎气质的积极一面。

事实上，小心的人绝对不会对对方说出伤害的话，也不会暴露自己的优越感，这是对对方的一种细致关怀。领会对方对自己所说的话，分析和反省自身的问题，大部分是小心谨慎性格的人的行为。对这样的人说“小心”无异于施加暴力。最近世界上拥有这样细心、关心、充满人情味的人是越来越难找了。要知道因小心的性格而受到的伤害并不是源于自身小心谨慎的性格，而是“小心”这样的话等外因造成的。

《自私的职场人》的作者安相炫说：

> 利己自私的性格常被认为是缺点。但在另一方面，是有着不管别人如何，只追求自己的幸福、快乐生活的优点。自私的人意识不到他人的视线，以自我为中心生活，当然就没有什么压力，比别人更能感到幸福。内心里面希望自私却不能付诸行

动的人惯于对自私的人指手画脚。

他将自私的人定义为“纯粹地爱自己、自我肯定的人”。他分析说：自私的人充满自信感，彻底地掌控着自己的生活。

若能灵活运用这种带着自信的气质和天生的性格，不失为一种图谋真正变革的方法。因为性格充满自信，期间是遭到不利也好，获得利益也罢，对此周密地思考也成了有意义的事。

不管三七二十一就改变自己的性格或去迎合别人的标准而生活，都是没有必要的。不分原委就否定自己的个性，无论怎么看都是最坏的个性倾向。

〓

有时候，连活着都成为一种勇气。

——［古罗马］塞内加

第18封信

最令人愤怒的是软弱的自己

为了成功的生活，有些品德是一定要具备的。比如下面这些：

> 无休止的挑战，从失败中学习，在掌握时间时更生活化、时时记录、时时回看，得到肯定的力量，早晨早起，时时关心、倾听，以身作则，定了目标就一天天地实施，小事也不要轻视，每天投资三件小事，睡前写日记，执着于梦想，养成反问的习惯……

世上所有有欲望的年轻人为了亲身实现这犹如珠玑般的忠言，到今天还在日以继夜地努力着。因为好像照着去做就能成功。

是的。那样活的话，无论是谁，都能过上成功的生活。可是把上述所有忠言简化，用一句话来表述，就是下面这句话：

“做到最好。”

可是，这种“做到最好”的生活只是将所有年轻人打造成了仿佛同一种族般的千篇一律的劳动型人类。在“做到最好”或者之前，有些过程是必须经过的，那就是对自己的愤怒。

诚然，“愤怒”这个词是比较消极的，被分到要避免的道德范畴中。由于愤怒发火不利于身体健康，会离幸福越来越远，因此被认为是需要控制的。俗语说：“笑一笑，十年少；愁一愁，白了头。”生一次气就会变老一些。甚至容易发火的人基本上没什么人聚拢在他周围，因为大家觉得不舒服，心情也变得不好。

有时候对自己的愤怒不仅仅是单纯的自责或哀叹。最近的一档电视节目中，讲述了一位原本体重接近100公斤的护士在三个月的时间里减肥40公斤，开始了新的人生的故事。她从护理学校毕业，通过了国家护理资格考试，但因为没有医院愿意雇用肥胖的员工，而在求职时屡屡碰壁。最终她咬紧牙关，经过了三个月的严酷训练，这其中对自己的愤怒是最大的支撑动力。结果对于她来说，愤怒成为了积极性的力量。对无力改变的事情愤怒，在遭受挫折时愤怒，会产生积极的效果。

不止如此，我为什么学习成绩不好，我为什么这么懒惰，我为什么活得这么窘迫，我为什么不能勇敢去挑战，我为什么这么懦弱不大方，我为什么像电视的奴隶那样，我为什么只靠工作才能一天天过下去，等等，对生活的愤怒能给予人机械性的力量。每个人只有对自己的特有弱点感到愤怒，才能在处于逆境时得到熬过去的力量。

心理学博士全谦九教授在他的《聪明地控制愤怒的方法》一书中将愤怒带来的机械性力量整理如下：

避免在身体上遭受痛苦；

能保留重点考虑的目标或原则；

能使自己保留自尊；

能与对方开展建设性的竞争；

将自己的警告明确传达给对方，阻挡对方的侵犯。

积极的愤怒的力量在那一瞬间，会发挥理性或者意志都无法产生的积极效果。愤怒有能在瞬间将情况逆转的爆发性力量。

当积极推进的事情停滞不前时，当前后阻塞找不到出口时，当受到猛烈挑战危机临近时，当陷入迷途无法自拔时，当时间紧急、迫在眉睫时，愤怒能够发挥最佳领路者的作用。《美丽的愤怒》的作者八坂裕子就是透过愤怒这种力量，写就了这本描述改变世界的人们的小故事的书。

下面是书中的一部分内容：

> 奥黛丽·赫本为那些因饥饿而面临死亡威胁的人们而陈诉。每周有许多孩子死于饥饿，而大量的粮食却静静地躺在港口。她对这种无法宽恕的现实进行了持续不断地抗议。她对无视这种事实、连制度改善都不做的不诚实态度感到非常愤怒。她认为这是我们这个时代的最大耻辱与悲剧，号召尽快在某天将这种行为画上句号。
>
> ——《充满自然的新女性：奥黛丽·赫本的故事》

> 1892年，28岁的卡米耶·克洛岱尔非常愤怒于外界所说的自己的作品是罗丹给予帮助的这一说法。对于罗丹和萝丝（罗丹之妻——译者注）不变的关系也极为愤怒，无法保持平静。……1893年，她以伊泽尔省的女主人的孙女做模特，创作了雕塑《城堡少女》，这个凝聚了卡米耶四年心血的作品，罗丹视为感动的天使。
>
> ——《以自己的无尽思想来创作：卡米耶·克洛岱尔的故事》

当我们觉得自己意志不够坚定、勇气不足、过于软弱的时候，往往会在瞬间爆发愤怒，经历非同寻常的突击变化。这是一种比决心或责任感都强烈的力量。有时候能在自己生活里发挥催化剂的作用。

1600年前奥勒留·奥古斯丁就说：

> 希望有两个美丽的女儿，分别是愤怒和勇气。对所有事情原封不动的是愤怒，以某种应该的方式改变一切的是勇气。

会愤怒于自己停在原地止步不前，从反面证明了对生活的无限爱恋。而又有多少人连愤怒都没有，只是冷漠地活着。

19世纪俄罗斯的诗人尼古拉·阿列克塞耶维奇·涅克拉索夫在他的诗中说："连痛苦和愤怒都没有的人不会是真正地热爱自己祖国的人。"我把这句话改写成如下：

"**连痛苦和愤怒都没有的人是不会真正热爱生活的人。**"

如果某种如潮水般的愤怒冲上心田，不要忍着，这只是上火而已。将那股巨大的力量转化为勇气吧，相信利用它就能创造一个和今天不同的明天。

第19封信

我正在痛苦的青春中表演着

威廉·莎士比亚（William Shakespeare）的作品《皆大欢喜》（*As You Like It*）的第2幕第7章里登场的人物杰克·奎斯的台词中有下面一段话：

> 世界是一个大舞台，所有的男男女女不过是舞台上的演员。他们都有上场的时候，也有下场的时候。一个人一生中会扮演许多角色。

人们常常把生活比喻成“电视剧”或“话剧”。照这样说，人们从出生到死亡，被赋予了许许多多的角色。小时候扮演孩子，在学校扮演学生，成年了就找该做的工作，拥有与之相配的能力，清楚自己的定位，并忠实地付诸行动。多数过着平凡生活的人认为扮演着和别人一样的平凡角色就是所谓的生活，而对那些发挥不寻常作用的人或承担很多角色的人，我们则说那是一种“像电影一样的人生”。**这样看来，我们所有人不正是在扮演各自的角色吗？**

早在上世纪50年代，美国社会学者欧文·戈夫曼就说：“人生就是舞台，我们是为扮演各自角色而表演的演员。”他在《日常生活中的自我呈现》一书中说：“一切有意识的社会性活动本质上就是表演。”他还强调生活中的人们在与他人的交际中充斥着数不清的表演。

假如人从出生开始就必须一辈子困在无人岛上孤独生活，那么现实社会中的所有问题——比如猜忌和嫉妒、战争和暴力、不公平的法律、竞争和失败等——都不会出现，而会和平地生活。但是有谁会为了过这种和平的日子而去无人岛独自生活呢？无论什么人，都不想孤独无聊地活着吧。人们希望在和他人的交流中顺应着不断变化的角色去生活。

社会心理学博士李哲宇在他的著作《为我而生的心理学》里说：

> 舞台上的演员不会无视观众的反应肆意表演。根据观众的反应，表演要微妙地变化再变化。在人世间这个舞台上表演的除了我们还有谁呢？根据观众是谁以及他们如何看待我们，不能不产生各自不同的为人处世之道，实际上也确是各有不同。因为都想得到观众的喜爱，自己也想被认可为一个有才华的演员。在人世间这个舞台上，观众不是别人，其实就是生活中和我们打交道的人。

在生活中我们扮演自己的角色的同时，会遇到许多和我们演对手戏的角色。亲近如父母和兄弟以及朋友，这些是在学校和家庭里要打交道的。因为有了他们，我们会更幸福，或者也会因受伤害感到愤怒。这就是扮演好自己的角色的证据，同时也是在人生这个舞台上作为最佳演员倾情演出的结果。如果做不到最好，则显而易见地，就会如光杆司令一般，过着一种自己孤零零关在小屋子里的生活。

其实，喜剧或电影都是依靠完美写就的剧本和无数次的排练才完成的。像主人公中弹而亡、突然间集装箱从头顶坠落的场面等都是因为有细致的剧本才实现的。对此，进行这些表演的演员没有选择的余地，只是照着剧本，听从导演的指挥去做而已。与此相比，我们的人生却是我们自己的，我们既是编剧，又是导演，同时还是演员，可以说是一项一人多角的职业。也就是说，我们是一种可以直接选择自己的人生，可以随心所欲、洋洋洒洒地存在。

我们活着，有时可能是第一名，有时是倒数第一名；有时可能做总裁，有时也可能是个小职员。曾是子女也是父母，曾是学生也是上班族，曾年轻也曾衰老。可能一时是富豪，一时是流浪汉、叫花子；可能一时是甜美爱情故事的主人公，一时又是悲惨苦情剧的主人公。这些全部都是我们要扮演的角色，是自编自导的作品的演员。

我们或许应该把生活看成是一出有趣的角色扮演游戏。如果正面对着难关，就想象成正在扮演某种角色吧。坚信像电影里那样漂漂亮亮地去克服困难，就能得到幸福。当因为前辈或上司而感到苦恼和无法忍受压力时，抱着“我现在正在扮演后辈或下属的角色”的想法，那么，就会生出心态平稳的力量。正在进展的事业若要取得成功，也有必要将其和角色扮演游戏相联系。就是说“我现在正在玩事业成功的游戏”。这样就能站在客观看待自己的角度上，不会产生傲慢之心。反之，遭遇失败或困难时也一样。可以对自己说“我现在正沉浸在失败人士角色扮演游戏里”。

从前有一天，庄周梦见自己变成了蝴蝶，一只翩翩起舞的蝴蝶。自己非常快乐，悠然自得，不知道自己是庄周。突然梦醒了，却是僵卧在床的庄周。不知是庄周做梦变成了蝴蝶呢，还是蝴蝶做梦变成了庄周？庄周与蝴蝶必定有区别，这就是所谓的“事物的变化”，即“物化”。

庄子在《庄子·内篇·齐物论》里说“蝴蝶之梦”，虽略有模糊，也带有自嘲之意。现在我们所担负的角色是蝴蝶还是人，这个问题并不重要，重要的是我现在是否正为某个角色而倾力演出呢?

现在的你，在表演什么角色呢?

=

那个时节，我的话语是动听的歌声，我的脚步是美妙的舞步。有人在指引着我的思想和我的存在。那就是我的青春。

——［法］安德烈·纪德

第20封信

发懒吧，但要成为有创造力的懒人

秋天，某个村庄。两个农夫在稻田里奋力割着稻子，一个农夫没办法直起腰一直在割稻子，另一个农夫却在这期间坐在田埂上唱歌休息。但是比较这两个农夫收货的稻米量，一有空就坐在田埂上休息的农夫好像收的更多。一直没休息咬紧牙关干活的农夫很生气，对一有空就休息的农夫很是迷惑不解。

"我一边休息一边干活更好。"对方如此回答。

——节选自金正云教授《玩着成功》

现代人都忙忙碌碌。学生忙上学，成年人忙上班，真的是忙碌地活着。在这种情况下，"懒惰"真的一点都无法想象。激烈的生活，辛苦的劳动，被认为是打开成功之门的钥匙；无所事事、游手好闲或者懒懒散散，被当作是一种罪恶。我们依旧生活在被新教徒的劳动伦理所支配的时代。

在最近进行的一项对上班族休闲生活频率的问卷调查中，只有53%的上班族回答享受休闲生活。并且超过半数的上班族回答一年中休假天数不满十天。尽管"每周五天工作制"已经实行超过五年了，但韩国的上班族依然不能自由地享受休闲时光。可是，这里有些值得关注之处。尤其是上班族在休闲时选择的活动的顺序是看电视、上网和打电话。这不仅是指上班族，也适用于这个时代的所有人。

在忙碌的生活中，暂时放下工作，享受休闲时光的人竟然这么少吗？而且还不能有效地利用这休闲时间。像上面提到的看电视、上网或者睡懒觉，和很久不见的朋友见面、喋喋不休，可以说几乎是休闲生活的全部。

最近看了首尔数码大学洪锡基教授写的专栏文章，忍俊不禁，现与各位分享。大致内容如下：

> 一天关掉电视一个小时，用这个时间去做点别的事情或者学习，总之，把时间用在有用的事情上，那么一年下来积累的时间是多少呢？
>
> 1天1小时×365天=365小时÷8小时=45.6天
>
> 45.6天÷实际上班时间23天=1.98个月
>
> 55岁退休—就业年龄27岁=28年工作
>
> 28年×1.98个月=55个月÷12个月=4.9年
>
> （注：按照每天工作8小时、每月工作23天计算）

即，每年有两个月，一生有五年时光是坐在电视机前，什么都不做，什么都不想，什么都不学，只是任由时光悄悄溜走。五年的时光，足以再上一次大学，取得硕士学位乃至攻读博士了。我们就在这漫长的时光里什么都不想，沉溺于轻松的快乐中，虚度光阴。即使生活很忙碌，即使一直说忙，因而一直没有看书的时间，还是有很多人在电视机前浪费时光。如果留住这些时光，如果用这些时间做点儿其他有用的事，能够获得多么大的收获啊。

可事实上，我们活在没有电视就一天过不下去的世界里。传媒学者乔治·葛伯纳把电视机的影响力婉转地说成“电视是现代最强大的文化武器”。大部分人从小就养成习惯，无法忍受关着电视时的沉寂。所以，不管看不看，电视都要开着。电视里不断传出的噪音能使心情镇定。早上一起床要做的事是打开电视，而晚上关掉电视就像是一天结束的信号。所以洪锡基教授说，电视以“习惯”打开，以“勇气”关闭。

我并不是说上班族在休息的时候看电视就是不对的。但是，在休息时沉溺于看电视，会使大脑停止主动性的活动，和只能呼吸的植物人的状态没什么不同。

韩国科学技术院的李秀英教授也对习惯性地看电视深表忧虑说：

> 长时间看电视，大脑就只能被动地接收信息。如果长时间这样，会对以后大脑主动接收新信息产生妨害。

当然，也有人说“躺下睡一会儿或尽情看电视才是真正的休假”。可是，除了沉溺于电视之外，应该多用一些别的活动来打发时间。要知道因为电视我们受到了多么大的压力。通宵熬夜看电视，然后说“啊，真是非常有益的时光啊”，这样的人在这世上不存在吧。

因此，在美国曾经兴起了以“关上电视，开启人生”为口号的“不看电视运动”，据说最近“不看电视运动”正在韩国扩散。看电视并不是休息，而是一种拖累。

对现代人而言，需要的是真正的休息。不是作为工作延伸的休息，而是真正的休息，即需要能充分发懒的自由。

韩国担负的丑名，像“OECD（经济合作与发展组织，简称“经合组织”——译者注）国家中劳动时间最长的国家”、“过劳死死亡率世界最高的国家”，这些真的一点都无法让人同情。在世界上充满了许许多多有趣的事情，但却因为做一件事而过度劳累，乃至失去生命。“谁愿意为了工作而工作啊”，我相信这么反问的人大有人在。

是的，因为想工作而去工作的人几乎没有。可是，正在做着自己讨厌的工作的是你，选择做这份工作的也是你。但显而易见，若要通过做不喜欢的工作来得到幸福、满足和自我实现，还是想都不要想了。

事实上，在几年前，以加拿大和美国的上班族为对象而实施了一项问卷调查。结果显示，在当时回应调查的半数以上的上班族表示不满意自己所做的工作，而三分之一的人更是明确回答对其工作的感情是极为否定和消极的。但是生活在以工作和金钱为中心的社会，人们确信就应该忙碌。在这个把最忙的人当作最有能力的人来推崇的社会，往往把悠闲度日、懒散生活看作是通往离经叛道的捷径。

像努力工作那样好好玩乐也是非常重要的。完全的休闲时光，必要的是摒弃所有压力与烦恼，把身心完全放松。可是有许许多多的人使休闲生活徒有其表，虚掷时光。

但是闲着不做事乃至懒惰也是不可以的。明知大学瑜伽文化中心金正云教授就认为“工作”的反义词不是“休闲”而是“懒惰”。

《别着急，快乐的生活》的作者厄尼·泽林斯基对于创造性的休闲有如下主张：

如果只是想以依靠上班工作发挥100%的能力，就能在经济上挣到足够金钱的同时，再享受成就感，显然是不行的。一般说来，在筋疲力尽忙于工作时是不会产生创造性的灵感的。创造性地休闲是成功的必要条件。在值得去尝试一两次的工作中最有生产性的活动是以一到两周的休假，来激发使自己的才能和知识得到100%发挥的灵感。与未来的收益相连的灵感，可以成为休假所得到的价值补偿。

如果希望生活有变化，就理所应当地要去寻找能诱发这种变化的时间余暇。就像农夫一边休息一边磨镰刀一样，我们在余暇时间也要不断地改善、革新和提高。

在学生时代，既有同样学习却常常取得优异成绩的朋友，反之，也有一样玩乐却常常名列前茅的朋友。每当想到这种朋友，总会引起令人上火的回忆。这就是所谓“Ω型”人类。德国的管理专家约克–彼得·施洛德在他的《幸福的懒人》中将“Ω型”人类和“α型”人类做了比较研究。

“α型”人是做着像松鼠溜筛子边儿一样单调乏味工作的典型的“工作狂”。处理业务以直线式、连续性方式，带着竞争指向性，所有事只有自己全部处理才能心情好。表面上看像超人一样成功地处理了每一件事，实则内里腐败，得心肌梗死的概率极高。反之，“Ω型”人则更喜欢余暇时光悠闲地度过，工作时则像蜜蜂一样全力以赴的方式。特别是做小事成大事的人基本是这种类型。

那么，热衷于选择和专注的年轻人想做什么样的选择呢？

比起无条件投入工作紧追成功的方式，当然会更喜欢做小事有大成就的方式。但是说起来容易，果真有那种方式吗？

现在你做的工作、学习的内容，有信心保证能带给你一生的殷实生活吗？能否不再忧虑于即使日夜不停地工作也无法注定成功？

假如，即使不确定，也只有一个方法。即，有必要安排时间，发发懒。通过这种创造性的发懒，真正应该做的事也许就会出现了。

第21封信

拥有“即使今天死了，也毫无遗憾”的幸福心态吧

在大家都熟知的传说中，中国古代的秦始皇为了祈求"长生不老"，发动了无数的人去采摘新鲜的灵草。从那时到现在经过了2200年的岁月，世界经历了无法比较的变化，但人们对于健康和长寿的追求，古今如一。

德国的格林兄弟在童话《寿命的长度》（*The Duration of Life*）一文中讽刺地叙述了人类对长生的欲望，在此首先做一个简单介绍。通过这个故事，希望能了解人类对生命的欲望。

驴子、狗和猴子依次走到上帝面前，问了同一个问题。

"上帝啊，我能活多少年呢？"

上帝给了他们相同的回答。

"30年。你满意吗？"

可是，驴子、狗和猴子对30年都感到不满意。

"哦，上帝啊，"驴子回答说，"那够长了。想想我活得多苦呀！每天从早到晚背着沉重的负担，把一袋袋的谷子驮进作坊，而其他人可以吃面包。他们只知道用打我、踢我的方式来鼓舞我、振作我。请把我从这漫长的痛苦岁月中解放出来吧。"

上帝很同情它，就减了它18年的寿命。

狗也不满意这30年的寿命。狗说如果这样长期狂奔，自己的脚绝不可能坚持那么久。当它一旦不能叫了，牙齿也咬不动了，那时除了从一个角落跑到另一个角落，发出"呼噜呼噜"

的声音，还能干什么呢？于是上帝减了狗12年寿命。

猴子不用像驴子和狗那样干活，是不是能最少活30年呢？

可是猴子也不想活这么久。因为它厌烦了30年间要一直扮小丑，做鬼脸，被人逗乐子的生活。

“悲哀常常藏在欢笑之后！30年我可忍受不了。”

上帝就给它减去了10年寿命。

最后，人类出现在上帝面前，上帝也给了他为期30年的寿命。可是，和动物们不同，人类认为上帝给的寿命期限太短了。他觉得在刚刚盖好房子准备开始享受生活时却要面临死亡，是一件让人难过的事。

“上帝啊，再多给些时间吧！”

于是，上帝把驴子的18年寿命给了人类。但是人类还是觉得不够。因此，又得到了狗的12年生命。可是人类还是觉得不满足。最后上帝把猴子的10年寿命也给了人类。上帝说：“现在不能再多给了。”于是人类走了，但依然不满意。

童话最终得出的结论是：“于是，人类有了70年的寿命。”由于人类对寿命的无尽欲望以及文明的发展，人类的寿命得到进一步延长。根据最近学术界的报告，人的平均寿命已达80岁，而现在20岁的人到60岁的时候，即2050年代，平均寿命可达120到150岁。真是有越来越长寿的趋势啊。

如果像格林兄弟的童话中说的那样，不奢求延长寿命，按照上帝给予的30年生命来活着，那会怎样呢？如果人类从一出生，刚刚开始生活的时候，就知道自己什么时候必须死，那是要多么痛苦地活着啊。人类还会去准备养老金或者养老院吗？

通常把三十出头到三十五六岁看成是人生中最年富力强的时期。因为20多岁是跌跌撞撞学习做事的成长时期，而30岁以后做什么事都比较熟练圆滑了。

比起20多岁，30多岁是能够恰当应对人生的喜怒哀乐的时期。面对生活，有了某种程度上熟练的运筹帷幄，是能够对自己所做的事情负起责任的年纪。因此，将过了30岁的40、50岁称为“中年”。顾名思义，是青年时代的“终止”，迫近令人忧虑的老年时代。这让人不得不感叹“人生苦短”啊。

满打满算剩了十年，就要向老年模式过渡了呀。

英国的医学学者威廉姆·奥斯劳尔说：“世界上最有用、令人感动和鼓舞的业绩大都是25到40岁的人创造的。”强调了人的一生中也就只有十年时光能左右全部的人生。

可是，如果以后人的寿命真的延长到100岁，情况就不一样了。应该会出现青年期延到40岁，而到60岁之前则是中年期，80岁才是老年期的情况了。

人类一味地希望长生不老，但一直暗自苦恼于如何对已经定好的时间进行找补，于是仅仅渴求着长寿。

罗马帝国时期的政治家兼哲学家塞内加在《人生论》中对度过了80年人生的人类这样说：

他在这80年中仅仅是在这世上待着。说他“活着”和说一棵树活着在意义上是差不多的。如贵重品一般的我们的人生也是意义不在于分量，而在于重量。人生不是以时间计算，而是以活动来计量的。

德国的斯提凡·博尔曼博士在他的《活得长寿的艺术》一书中将塞内加的《人生论》再次整理如下：

其实人生本身并不短暂。是我们用了不正确的方式谋求人生，把有限的时间浪费在了做无用的事情上，是我们自己缩短了人生。短暂的人生是使人感到吃亏的人生。“短暂”并不是指时间的长短，而是和可能性的不足有关。

人生的长短并不是单纯以钟表上的分针和秒针来计算的。这句话是说何时出生和何时死亡并不是重要的问题。人活着直到死亡，期间怎么样去追求美好的幸福、怎么样生活，这才是评价人生长短的重要指标。

莫扎特35岁去世，英国诗人拜伦死于36岁，意大利建筑家兼画家拉斐尔和画家梵高均死于37岁，但他们在短暂的一生中做下了光辉的业绩。常常抱怨时间短暂不够用的人，应该反省一下是否在时间利用上有不足之处。

如果你现在正处于20岁的年纪，马上拿出本子记一下吧。有什么是紧紧把握我的人生，绝对不会后悔的。怎么样幸福地活着才能即使现在死去，也绝不会后悔。现在更早清醒的人才能找到使自己更有质量地生活的方法。

=

这世界上没有和青春一样宝贵的东西。青春和金钱一样，金钱和青春会使一切成为可能。

——［俄］玛克西姆·高尔基

第22封信

“现在，这个瞬间”，就是你的顶点

“我当年……”

“最近我不是以前的我了……”

人们大多数时候回想过去，把那个时期算做是自己的黄金时代，叹息说现在的自己处在暮气沉沉的衰退期。嘴里说着：“几年前还能干劲十足，现在身体和以前不一样了啊。”

可是再过几年还是这么说，经常是过去了才说那时候是最美好的瞬间。比起现在这一刻，人们更加看重过去，同时，还在为未来而忧虑。

美国著名的精神治疗学者戴维·尼科尔在他的《魔法的一分钟》中这样说：

> 心总是在未来和过去之间左右摇摆。在某个瞬间，一会儿为曾和朋友一起参加马拉松而后悔，过一会儿又为参加弟弟婚礼说什么祝词而发愁。沉溺于过去和未来，反而把当下的路迷失了，因此才有了压力。错过了现在的快乐，在过去和未来之间徘徊不定。

最近的年轻人虽然依旧生活忙碌，但究其内里，充满着对过去的悔恨、对未来的不安和对现在的迷茫。彷佛似梦非梦，飘飘忽忽，一言难尽。在名为“不安的未来”的自动航行装置的指引下，没有意志、没有目的地越飘越远。即使这样，对刚刚发生的过去也是后悔不已。仔细想想吧。**我们现在抱着“从前的黄金时代以后何时再来”的心态，向着我们人生的辉煌，像射出无目标之箭那样，正不分方向地漂浮着。**

不久前，一家舆论调查机构以成年男女为对象，做了一次主题为“如果重回初、高中时代，你最想做什么”的调查。应答者中66.9%的人说“想更努力地学习”。这证明了半数以上的年轻人将对现在的不满归根于过去在行动上的不作为。

可是，我们的生活是由“现在这一时刻”造就，并构成未来的，没有保质期。即情况是现在经历的这一瞬间是唯一的。拿破仑也曾说过：“情况？情况是我制造的。”

最近，演员李顺载迎来了他人生中的第二个黄金期。

李顺载生于1934年。在我们看来80岁的他，在2006年凭借电视剧《搞笑一家人》而人气大涨。趁此良机，最近他还在电影中发挥了后劲。他不仅饰演了一个在他这个年纪搞笑的角色，还带着会受伤的危险，为了表演亲自驾驶摩托车，这是他平生第一次骑摩托。有着50多年表演经验的演员李顺载说还想给人们带来新鲜感，因此，他每天都带着极大热情，不知疲倦地准备着下一个挑战。

对于演员李顺载来说，每一刻都是黄金期。想找到过去的神奇魅力，不必喷上香水。因为能将每一刻打造成自己的黄金时代就是永不休止地活在“现在这一刻”。

金克拉在他的《成功法则》中说：

你还没有展现你所有的能力。你的黄金时代，从现在才开始。

难道你也觉得以前做过的就是最好的，或者用年纪大了觉得难为情为由而犹豫退缩吗？

我每到年底都会做一个"我自己的年度十大新闻"总结。好像新闻评选一方面意味着过去一年的终结，另一方面又表示新一年热热闹闹的开始。我以十条做心理准备，就是以下这种方式：

1. 我人生中第二本书出版；
2. 我制作的电影入围了戛纳电影节；
3. 布置了我自己的专用书房；
4. 硕士论文答辩通过；
5. 完成了我人生的首部剧本；

……

当然，有的年份不足十条，而有的年份则十多条。每当这时，我不会为过去的一年而感到后悔，只是对努力奋斗的自己轻轻说声"辛苦了"。有的时候为了在年末自己的十大新闻里加上一条，而特意计划着做些事情。但这样的话，就会把还在犹豫的事情急急忙忙付诸实践。这样做比想象的要有趣得多，大家也不妨试着为了年末总结而去做一些事情吧。

《寻找大池塘的青蛙》（*Ping: A Frog in Search of a New Pond*）一书中，猫头鹰对青蛙说：

> 一定要展开行动，才能实现梦想。掌握自我，就从当下开始。有太多人在等待对的时间、对的地点，才肯开始行动。要

知道，“等待”无疑是把你向往的目标推到一旁。要知道，行即为生。

你的黄金时代就是现在，而且在不远的将来还有第二个黄金期、第三个黄金期。所以，将过去忘记吧，开心地、有趣地专注现在这一刻吧。快乐地活在当下吧，这样，每一刻都能成为你的黄金期。而且，别忘了，现在这一刻是你人生中的顶点。

=

青春，在人的一生中仅有一次，永不复来。

——[美]亨利·华兹伍兹·朗费罗

第23封信

无法用金钱换算的人生中最宝贵的东西

不久前，上映了一部以一个悬赏10亿韩元的生存游戏为主题的电影。备考的学生、游泳运动员、证券公司职员、无业者、比萨外卖员等，这些被10亿赏金吸引而参加游戏的参与者们，是我们周边随处可见的小市民。电影赤裸裸地揭示了为了10亿赏金不惜杀人的人类本性。

最近一档电视节目里提出了“为了舒服的退休生活，你认为需要多少资金储备”的问题，针对此问题，大部分人的回答是“10亿韩元左右”（约合550万人民币——译者注）。专家们说：“按照现在的利率标准，财产必须超过10亿，才是金融所得课税的对象，因而10亿资产是富人的及格线。”但一般来说，有这笔额数的金钱才足以过上充裕的生活，据此推测出这个数目。

10亿韩元是相当大的一笔巨款。只是把这笔钱存入银行所得到的利息就足以过一辈子。说不定这是普通工薪阶层存上一辈子也达不到的巨款。理财热兴起后，不知从何时起以“挣10亿”为标题、迷惑大众的书籍琳琅满目地出现在了人们眼前。从那以后，人们好像才认为为了退休后的舒适生活，或许也需要10亿韩元的资金。

英国久负盛名的经济新闻专业报刊《舰队街通信》（*Feet Street Letter*）的美国版创始人兼编辑贾斯汀・福特在对大众演讲时这样总结他的经历：

在我的演讲中如果问“希望有钱吗？再问一遍，希望有钱吗”的话，开始大部分人都会奋勇举手。不止双手，是恨不得把双脚也举起来。可是如果反复问“想挣钱吗”的话，不知不觉热情会减退，渐渐地举手的人减少了，不一会儿，竟没有一个人举手。其实大家明白，无论是谁，需要的并不是金钱本身。不是金钱本身，而是希望通过金钱得到某种东西：房子、车子、名牌包、一周环球旅行，等等。因为明白这些可以用金钱交换得到，因此，希望拥有金钱。

在这世上活着的人大都有过一边幻想“如果天上掉下10亿韩元该多好啊”，一边长叹一口气的经历。对这些人我想问一个问题：“如果你真的有10亿韩元，想怎么用这些钱呢？”

你会怎么回答呢？尽管并没设想会出现大体一致的答案，但实际结果却并不如此。根据一项调查显示，“想都不敢想的10亿韩元真的拥有的话，会怎么办”的问题的应答者中只有3%回答“买东西”，14%回答“捐赠”，13%回答“还债”。回答“储蓄或者为了未来而去投资”的人并没超过20%。

针对这种现象，贾斯汀·福特分析道：

最终可以确定的是，对于该如何评价金钱的价值，自己也不甚了了。在此，虽然希望拥有金钱，却不知怎么会生出恐慌的感觉。

只是茫然地觉得有很多钱就最好了。

实际上，用同样的问题去问韩国20多岁的大学生，会得到很有趣的答案。被问到并回答的学生中50%的人会回答“给父母买更好的房子”、“买豪车”、“买百货店的名牌货”、“为自己留学做些理财”等计划开支，剩下的50%则回答“不清楚”。

这意味着20多岁年轻人中的一半人不出意外地想用这10亿韩元去买些什么，而另一半的人实际上却即使有了这笔巨款也不知道做什么。结果就是，即使有了这10亿韩元，也不会成为富豪，反而会因为只滋生了欲望或什么都做不了而因循误事。

之所以产生拥有更多金钱的愿望，是因为自己想要有更好的生活，认为这是摆脱拮据，过上富裕生活的捷径。可是在这世上拥有很多金钱却过得不好的人也有很多，就因为他们相信金钱可以换来美好的生活。他们误以为物质丰饶富足，就可以有美好的生活。可以说这是被物质万能主义所害，可是，这就是我们的现实。

克莱默·吉塞拉在《生活就是减轻重量的艺术》中说：

> 我相信抛弃大部分可以得到满足的生活方式，但是另一方面又不相信没必要和所有一切隔开距离，也没必要过家里什么都不齐备的生活。但是，不要做出将自己的英魂放在一边，只执着于拥有什么的行动。为了给生活带来便利，给予拥有的喜悦，我们使用物品。可是若要满足而充满朝气，肯定不需要什么物质。

《少即是多——自愿贫穷的艺术》（*Less is More: The Art of Voluntary*

Poverty）一书中说：

> 现在必须要做的不是单纯的排斥拥有，而是对人间生活中财产的概念进行再定义。在这个价值观再树立的时期，成熟的是金钱所不能买到的东西，如新鲜的空气、纯净的水、沉默与心态的平和、健康以及比起任何东西都更深一个层次的自由，越来越珍贵。

说明了以有节制的拥有为基础，选择一种朴素的、单纯的生活是可能的。即暗示着自行选择的贫穷其实并不是真正的贫穷。

可是，我没有干脆无视金钱带来的快乐与丰衣足食的想法。因为主张不要从金钱里寻找幸福的人或者主张自发选择贫穷，享受一无所有的快乐的人，大部分都是富人或者他们生活安定的概率非常高。

困难和贫困是不同的。条件许可的话，就会产生住在50坪（约合165平方米）的豪宅里，炫耀着发动机3.0的SUV，一到周末就和家人驱车，或爬山，或看海，悠然度假，一年一次去欧洲或东南亚休假旅行，等等，这是适合中产阶级要求的想法。

不止如此。希望付得起偶尔全家人一起去国外看场票房绝好的专场音乐会的昂贵费用，能一起去观赏；单价超过100万韩元（约5.5万元人民币）的数码单反相机，最好能随意换镜头；偶尔一次去新沙洞逛逛，可以在随处可见的咖啡店里一边喝着7000韩元（约40元人民币）一杯的咖啡，一边惬意地看看书。这种程度难道真的是还需要根本探讨的、过度的欲望吗？有这种想法就是有病吗？答案当然不是。

健全的精神上衍生的健全的消费可以保障人生的幸福。但是，想完全通过消费来抓住本体性，求得幸福却是有问题的，就如同有很多钱的人并不一定会得到很多幸福一样。这也就是说有钱人和没钱人的幸福其实只有很小的差异。

人们相信如果有很多钱，可以买到所有东西，那就是真正的幸福。可是这里的关键点不同。不是买“必需品”而是买“想要的东西”。即购买行为不是集中在真正需要上，而是因为想拥有而购入。我们如果得到了想要的东西，就还会想要别的东西，因为人类的欲望永无止境。单纯地以购物行为填补欲望是不够的，就是说最终用金钱将想要的全都买下并不是幸福的前提条件。

《为书而疯狂的青春》的作者金爱丽在她的书中说：

> 如果说富人拥有的仅仅是金钱的话，那么穷人缺少的也仅仅是金钱。因此，他们并不是真正的“穷人”。

年轻时候，咬紧牙关，为挣钱奔波劳碌，只是为了使房子面积大一点、买的车子好一点，这是真正的幸福吗？

无论金钱上如何富有，如果不能发现自己的生活目标，也得不到幸福。人在清楚了自己为了什么而活着的时候是最幸福的。因此，仅仅是贫穷、简朴、节约，并不是通往真正幸福的路。重要的是，自发地选择在物质上不太丰富的生活，却是令自己心中充满幸福的最大保障的生活态度。

俄罗斯的大文豪列夫·尼古拉耶维奇·托尔斯泰也曾说：

> 我们有着把“贫穷”和“灾难”看成是同义词的倾向，但是事实上“贫穷”是“幸福”的源泉。我们无论怎么把“贫穷”当作“灾难”，它依然是以“幸福的源泉”而留下。

德国小说家、诗人克莱门斯·勃伦塔诺也说：

> 世上真正被称为贫穷的人和贫穷者好像另有假冒。一方面是灵魂上的贫穷者，即内在贫穷，另一方面是顾名思义物质上的贫穷者，即因外在的物质而被疏远的人。

他认为，知道真正的贫穷是什么的人，才是能获得幸福的人。

任何人都想在经济上自由，因为以为有了经济自由才能获得真正的自由。可是，比起去想该努力挣钱，更多的时间和努力却用在了决定用钱来做什么事情上。记住：不知从天而降的10亿韩元怎么来的，而只是犹犹豫豫是注定要带来不幸的。

作为世界级驯兽师，刚过30岁就已成为百万富翁的日本人本田健这样来描述“经济自由”：

> 经济自由意味着在金钱上处于解放状态。无论钱怎么多，

花钱的时候却觉得不安，这样的人是不能称为“自由”的。一般人听到“经济自由”时会想到很多存款或很多不动产等形式的资产，而我认为这里面还包括“精神自由”。幸福的成功人士大多是从贫穷或普通的状态里取得成功的。因此，拥有即使失去一切也能重新再开始的自信心，由于这种自信，即使失去金钱，也不会产生未知的不安感。有了可以过一辈子的金钱和即使失去金钱也能马上挣回来的自信心，就会产生内心的自由。这才是真正的“经济自由”。

即，所谓经济自由，问题并不是在于金钱的多少，而是重在精神的自由。为了使持有的金钱增值而做的理财活动，怎么看都是应该从这种精神武装开始的。

韩国高僧性澈大师（1312—1993）也曾说：

世人的生活就如同是为了并不珍贵的东西而在刀尖上跳舞。

试着想想对你来说真正珍贵的东西是什么，想想它是否是能用金钱买到的吧。

最后，用艾瑞克·弗洛姆（Erich Fromm）的《占有还是生存》（*To Have or to Be*）中的文字来做小结吧：

假设我所占有的东西决定了我的存在，那么在我的占有物失去的情况下，我该如何生存？在拥有的东西也会失去的危险中滋生的不安和忧虑，在存在性实存样式中并没有。在存在性实存样式中，对我的安定唯一的威胁是来自我自身。反之，在存在性实存样式中，丧失的危险是外部的，对所有物而言常常是内在的。

第24封信

人生的全部幸福都铭刻在“青春时代”

我偶尔在讲课的时候会向学生提这样的问题：“人为什么活着？”这个问题虽然听上去多少有点不着调，但学生们都是很认真地经过苦苦思索再给出回答。回答中十有八九是这样的：

“为了更幸福而活着。”

然后我就再追问：“幸福的生活是怎样的活法？”

大部分的学生们踌躇不决，以“做想做的事”或“挣很多钱”、“身体健康”等作为回答。

是的，人们是为了幸福而活着。

心理康复训练研究所的所长朴智淑博士也说：

我们现在为什么在这里存在？最终，“人生的幸福”是我们活着的最重要的理由与目标。

这强调了人生幸福的重要意义。

为了美好、成功的生活，我们要更幸福。因此，我们常常对幸福如饥似渴，倾听经历过幸福的人们的诉说。

曾经有一段时间，在书店街，有关讨论幸福的方法论的书摆满了整条大街。这虽然从反面证明了这个世界越来越单薄，但也说明了即使再难，人类也永不放弃对幸福的渴望与追求。

虽然早在古希腊时期，就出现了很多关于幸福的理论，但至今我们对于幸福还不能下某种定论。可是如果有通过努力就能找得到的幸福，那何不甘心情愿地去做到最好。在关于幸福的方法论的书里面，几乎千篇一律地把幸福归纳为下列几种：

第一种，假如总想着终有一天会幸福，那最终不会得到幸福。下面是乔贝尔的《寻找幸福的旅行》中约恩和贝特的对话：

> “我正在寻找幸福。”
>
> 约恩回答。
>
> “为什么？”
>
> 贝特很想知道。
>
> “因为现在这一刻我觉得不幸福。”
>
> 约恩说。
>
> “你为什么不幸福？”
>
> 贝特问。
>
> “因为有更大的幸福。”
>
> 约恩回答道。
>
> “你按照你想要的幸福去寻找幸福，那就幸福了吗？”
>
> 贝特问。
>
> “不知道。”
>
> 约恩想了想回答道。
>
> “那就别再去找幸福了啊。”

很多人以为总有一天幸福的日子会降临，也常常这么说。可是，为了那连有没有都不确定的所谓幸福的“总有一天”，决心克服现在的不幸的话，幸福一定不会降临。换句话说，如果现在不幸福，“总有一天”也不会幸福。斯宾塞·约翰逊的《礼物》一书中不是也说世界上最珍贵的礼物就是“现在这一刻”吗?

想想过去，现在是像过去想象的那样幸福吗?如果不是的话，现在预想的未来说不定也不会幸福。总之，幸福不是“降临”的，而是“创造”的。请马上把现在能感受到幸福的要素都尽情享受吧，只需要将其制造成幸福。我应该一边做着手头的事，一边自信地大声喊出“我很幸福”。现在幸福，明天也会幸福，未来都会幸福。

第二种，肯定自己，不要和别人去比较。戴尔·卡耐基的《幸福论》中有一篇著名的寓言:

> 这两年我在韦伯市经营一家食品杂货店，生意失败了，不仅赔进了我所有的家底，还欠了巨债，一直要还七年才能还清。我上周星期六关闭了店铺，打算去堪萨斯市找份工作，但需要借些路费，现在就在去银行的路上。模样不用说肯定是寒酸潦倒，万分沮丧。
>
> 突然间，对面街上走过来的一个没有腿的人映入了我的眼帘。他坐在一个用滑旱冰用的轮子做成的小木板上，靠双手上的木片后撑地面不断前进。猛一看他的样子，好像是正要通过马路，到人行道上来。他的身体前倾，歪歪斜斜地抄起木片，在这一瞬间，我的眼泪不禁夺眶而出。他微笑着用欢快的声音对我问候。

“早上好啊，今天天气真不错。”

在呆呆地望着他的时候，我突然醒悟到自己是多么富有。我有两条腿，我能走能跳。这时候，我觉得很惭愧，有这样没有双腿都能如此幸福明朗、不失自信而坚强支撑的人，何况我四肢健全，难道还做不到吗？这样一想，不知不觉，勇气油然而生。

最初我打算从银行借100美元，但这时有了借200美元的自信。我虽然是想着去堪萨斯市找份工作，但说的是找到工作要去堪萨斯市。这样我从银行借到了钱，并幸运地找到了工作。现在我把下面的话贴在浴室的镜子上，每天刮脸的时候都会读一读。

“我曾悲叹没有鞋，却在街边见到没有脚的人。”

普遍认为，大部分感到不幸福的人之所以感到不幸福是因为别人有的而自己没有。认为跟别人比，自己贫困；跟别人比，自己长得不漂亮；跟别人比，自己学习不好；跟别人比，自己个子矮；跟别人比，自己体型胖；跟别人比，自己是不成功的。这种想法，是执着于没有得到的东西，也恰恰是这种执着引发了认为自己不幸福的想法。当然，也有这样来回敬的：“没有梦想，没有欲望，仅满足于符合‘适当的线’生活下去吗？”不错，确实说要满足于“适当的线”，但应该发自内心地感到满足。问题是“适当的线”的标准该由谁、如何来制定。

韩国20多岁的年轻人大部分都热衷于减肥。即使说韩国20多岁的女性都在减肥进行中也毫不夸张。一边把吃的东西全吃掉，一边说着“正在减肥”；一边吃着整盘的比萨，一边只喝所谓热量为零卡路里的健怡可乐。只因在减肥中。进行减肥的理由只有一个，即“不喜欢自己比别人胖”。可是这个“别人”是谁呢？是这世界上所有比自己瘦的人。所以，即使已经瘦得畸形的人还是认为自己胖，因为对自己明确规定了标准，其实是那所谓“适当的线”的标准定得不准。

不管是一个月只挣100多万韩元的我们88万韩元一代（指近年在韩国出现的非正规就业、收入较低的20多岁的年轻人），还是一个月收入上亿韩元的成功企业家，如果自己连制定“适当的线”的标准的自信都没有，都会觉得困窘和无能，绝对不会认为那是一种幸福。古希腊哲学家亚里士多德在《幸福论》中主张人世间最高的幸福莫过于睿智豁达地去生活。虽然为了挣钱去劳动是不可避免的事，但积累财富并不是我们所追求的最好的“适当的线”，它只是为了达到其他目标而采取的一种手段而已。

当然，对生活在现实中的我们而言，满足于“适当的线”，这个程度就可以了，这样来自我安慰的同时，再认为以获取金钱为目的所采取的手段并不是幸福本身，能有这样的想法很不容易。人的欲望是无止境的，对满足无止境才是人类。这么看来，为了幸福，或许该去问道，离开俗世进山修行也未可知。但是，从20多岁的年轻时候起，就从内心深处对幸福进行不断思索的话，或许比起“适当的线”给予的喜悦，能更早地找到幸福。

首尔大学名誉教授李正全在他的著作《我们幸福吗》中提出了一个

问题：“在奥运会中，银牌得主和铜牌得主哪一个更幸福？”之后，他这样回答：

如果把银牌和铜牌摆在面前选择的话，任何人都会选择银牌。因而根据经济学理论，银牌得主应该比铜牌得主更幸福。但是根据奥运会奖牌得主的幸福指数调查的结果，大体上是铜牌得主比银牌得主更感到幸福。这是因为银牌得主往往因与金牌失之交臂而扼腕不已，反之，铜牌得主却因得到奖牌而庆幸不已。

出自某个戏剧节目的流行语中有这样一句：“只记住第一名的这肮脏的世界。”所有人都为了拿第一而一拥而上、前赴后继。在某些时候竟然把第二名、第三名当作是失败者，因为没能拿到第一名。但是，心态平和的铜牌得主的心态才是在世上幸福生活的法宝。可是拿到铜牌也是应该得到称赞的，因为毕竟进入了奖牌榜。

最近，以韩国男女上班族为对象，进行了一项名为“职场幸福度”的调查，结果显示：当前认为自己幸福的上班族仅有9.8%，即十人中都不足一人。而认为自己不幸福的上班族比率高达48.2%，即将近半数的上班族认为自己是不幸福的。这结果不得不说令人感到十分忧虑。

在上班族们列出的使自己生活幸福的必要条件中，“经济条件”以55.4%名列首位，其次是“健康”占36.5%，“和睦的家庭”占32.7%，“个人余暇时间及兴趣爱好”占26.1%，“满意的工作和职场生活”则占

17.9%。

亚里士多德在《幸福论》中这样说：

> 幸福的人，是非常深奥且持续不断地追求自己生活意义的人。是那些不是一段时间，而是整个一生都按照自己的理性来活动，培养理性并使之成熟，为达到最佳精神状态而不懈努力的人。

毫无疑问，不幸福的人生是无趣的、充满压力的。按之前说的，幸福不是主动降临的，而是要不断追求、创造，因此，从20岁起，就有必要不断地对此进行充分练习、不懈努力。

人类是为了幸福而活着吗？不，也许是为了活着而要追求幸福。现在我们正在做的，不是为了将来的幸福，而是为了祈求当下的幸福。

=

如果我是上帝，我将会把青春放在人生的最后一页。

——［法］阿纳托尔·法朗士

第25封信

人生是走走停停的旅程

杉山是在工作和家庭生活中都追求成功的工薪族。他是一到下班时间就杜绝一切诱惑，直接回家的模范家长。而且他还已经在郊外置办了一处漂亮的两层小楼，不羡慕任何人。

但不知为什么，他不快乐。即使已排除了无力症，却莫名地心情不舒服。对于他来说，他就像一个上了发条努力为了家庭和事业不停地工作的机器人，却找不到有真实“感觉”的生命力。

以上呈现的是很久以前上映的日本电影《谈谈情，跳跳舞》（*Shall We Dance*）的上半部登场的主人公杉山的样子。此后这部电影由理查·基尔和詹妮弗·洛佩兹担纲主演，再次翻拍，但剧本已经不同了。新版讲述了一个主人公被舞蹈所迷，进入一家舞蹈练习所，最终找到了生活的意义和幸福的故事。

主人公杉山说：“那么眼朝前看地去生活吧。可是房子有了，现在却好像没有了激情。”比起将所有都得到的成就感，失去目标的失落感反而更强。最终杉山通过自己选择的一项活动重拾人生信心。

我们的一生都在忙碌着。出生后60个月就开始学习英语、芭蕾、跆拳道、数学等等，7岁上了小学就开始了以“成功的人生”为目标的战争。经过初中、高中的应试教育，进了大学也还是没有结束这种腻歪的战争。所有人一直都在奋力拼搏。

目标就是成功。为了成功，前进！

于是，漫长的学生生涯结束后，又开始了风霜交加般的职场生活。

即使这样，如能进入职场也可以说是幸运的。如果待业几年的话，就很容易被人打上“无能者”的烙印。在企业中，被冠以“人才”之名，并给予高额年薪，但却要把人强行变成“工作狂”。确实，在企业中工作狂会得到较大的重视，因为他们能创造相应的业绩。由此，成为工作狂就好似成了通往成功的捷径，使人相信这就是成功生活的表象。工作狂是领导者制造的弊端。

赵永相在《生存论》中这样警告工作狂们：

> 不工作就不知该做什么，休息的话就感到不安，一到休假就觉得应该做些什么，到了办公室工作反而觉得心里舒服，这样的人就是工作狂。一直以来，我们的社会是对工作狂抱着欢迎的态度。可是，工作狂们对公司是否大有裨益还未可知，但却让自己的生活变得一团糟。

最近一个电视节目中介绍了“年薪10亿韩元（约合550万人民币——译者注）”的拥有者的日常生活，留心看他们的每天日程安排，就会觉得一年10亿韩元的薪水对他们而言根本不算多，他们的生活简直忙得要命。吃饭的时间、趴在桌上打个小盹儿的时间都没有。每天的日程紧张到以秒计算，已经是司空见惯，真的看不出悠闲和幸福。

从小就沉溺于“成功癖”的人们没工夫去想对自己而言“成功”到底是什么。为了不可知的未知世界，为了不知何时会有的幸福感，三更半夜里爬起来，周末也抛弃家人，沉湎于工作中。在什么是成功都不明确的状态下，所谓的成功到底意味着什么呢？

诚然，他们分辩说，通过工作也能取得相当的幸福感，这是有道理的。在工作中也能获得幸福。通过工作获得认可，一点一点地完成，取得成就感，这也是很大的幸福。但是，这是在工作外的余暇时间一点幸福感都得不到的工作狂们的一种自我保护。因为在工作中的被认可和成就感等感情，会随着失去工作或退休而消失无踪，这只是一种临时性的愉悦。

成功癖、工作狂和酒精中毒、尼古丁中毒、咖啡因中毒、毒品中毒、赌博一样，是一种必须要治疗的病。

高丽大学的姜寿石教授把“工作狂”定义如下：

是一种成就越高越有满足感，工作中止的话，会产生难以忍受的不安感和失落感的病症。

因此，最近涌现了大量针对这些只沉迷于工作的人的，号召他们“去玩吧”、“休息吧”的书籍。不可否认，受惠于此，为了更快乐地休闲而工作的上班族增加了。但是，没能这么做的人们也被大势所趋，被迫休假。由于工作引发压力和由于休闲受到压力的时代正在到来。向左走也不是，向右走也不对，进退两难。

我并不赞成将工作完全推后，尽情休闲。只是我们要在生活中不断思考什么是闲暇，最终可以说随时准备去休闲。

《休闲成功学》的作者、休闲专家金正云教授对余暇有这样的解读：

作为“休息的时间”的余暇可以说是消极性的概念。即重要的是劳动，而余暇不过是对劳动中消耗的体力的必要的恢复过程。反之，“玩乐的时间”的余暇则是一个积极的概念。简单说明的话，即为了玩乐而做的事。周末的生活是“目的”，而工作日的生活是“手段”。根据工作和余暇哪个更重要，就可以区分出“玩的”和“休息的”。

你是为了工作而休息吗？还是为了休息而工作？或者工作之余，剩下的时间都叫做余暇？

《兴趣学音乐会》的作者孙大贤教授说：

若说勤勉是未来利益，则懒惰是现在的利益；若说勤恳工作属于人间，怡然自得则是上帝赐予的礼物。因此，人生的目的不是工作而是休闲。

由此，人们从悠然自得的休闲中感到幸福，而感到幸福的生活则可以说是成功的人生。

但是，我们真的做得不好。每周40小时、5天工作制虽然已经实施很久了，但很多的上班族并没有享受到休闲生活。因为自认为没有这样的工夫，自认为很忙。但现实中如果挤时间的话，一般不过是痛痛快快睡一觉或者看一通宵电视等，以此来打发时间。好不容易周末抽空去趟郊外，还揣着手机，焦躁不安。手机充电器、备用电池等必定要带上一个。甚至去海外旅行，若是不能通讯漫游也会忐忑不安。因为与世隔绝的话就会觉得落伍了。

就像在工作上集中精力一样，我们也有必要在休闲娱乐上投入专注，应该真正做到最佳、无悔地去投入。虽然不明确具体该做什么，但应该尽全力多多去做，这样才能发现什么是最有趣的。在找到趣味的那一瞬间，工作赋予的意义也别有滋味。在某个瞬间，工作变成娱乐，娱乐变成工作，成为一个工作和休闲区分得不那么明显的后现代主义的余暇修行者。

我们或许会想若要休闲就必须要花钱。可是，把休闲时光想成“花钱的活动”真是一个大大的谬误。在儿童乐园，有秋千和跷跷板，孩子们可以打发一整天的时光。

花很多钱，可以到处去远足的休闲并不是真正的休闲。

《游戏的人》（*Homo Ludens*）一书的作者荷兰人约翰·赫伊津（Johan Huizinga）强调说：

> 比起动物，人类更善于游戏，并创造了文明，游戏并不是文明的一部分，而文化本身是“游戏的一部分”。游戏装扮了生活，使生活圈扩大，甚至可以成为开辟幸福生活的跳板。

我们应该像工作狂、成功癖那样，对休闲玩乐也有一定的着迷。虽然这与工作狂和成功癖一样，在精神和肉体上是致命的，但休闲中毒有助于更好地生活。为了更美好的生活，不是该去做各种努力吗？

《临终前会后悔的25件事》这本书曾一度成为社会话题。无论怎么翻看这本书，都找不到“临死没做到而后悔”的人。终其一生，都被不想做的事情所羁绊，这是多么悲惨而愚昧的事啊。

最近，人们在打招呼的时候流行说“忙什么呢”，回答则是“啊，最近忙死了”。但这话是不对的。而“啊，是有些事忙，忙完了就打算好好休假”这样的回答岂不是更好吗?

何时才能悠闲地哼唱小调呢?

相信吧，再过一会儿就知道了。

第26封信

相比地球转动的速度，慢慢走也完全没问题

我教女儿学说话时感到十分有趣。她一个词一个词跟着我念的样子非常可爱。

有一天，我拿了一本《反义词游戏》的书念给她听，内容是这样的："汽车快，乌龟慢……"

几乎所有人小时候都学过"快"的反义词是"慢"，但我却蓦然产生一个想法："从什么时候起，快的事物就是好的，慢的事物就是不好的呢？"

不知从何时起，人们对速度开始敏感。在"高速"这个词语前面再加了一个"超"字，表明我们已经生活在一个非常强调快速的时代。网络越来越广，速度越来越快，汽车、电脑、洗衣机，甚至需要数年才能完成的学业也恨不得压缩到几个月就完成。

忧虑于这种整天高喊"快点快点"的精神病似的速度症候群，新出的口号则是"缓慢的美学"。可是，在如今这样快速度的世界上，"缓慢"真的行得通吗？

韩国灵山大学金永锡教授在他的《深度和广度》里将缓慢作为市场营销的一种来看待，并给予了辛辣批判。

> 缓慢，回归自然，单纯的生活，给了生活在以数码、网络、全球化、信息战争、知识爆炸、无限竞争等为特征的现代文明世界中，而别无选择的大多数人们，特别是平民一瞬间的安慰，是日常生活中难以得到的。

即能缓慢悠然地生活的人是已经积累了经济财富的那类人或者是已经有了稳定的社会声望的人。

《品读韩国的教养》的作者禹翰基先生也曾写文警告了对散漫的缓慢礼赞的危险性。他说：

> 单方面的赞扬缓慢是不合理的。试想一下，约定时间都到了，却因为对方的等待而慢腾腾地行动。在探寻这种缓慢的价值之前，应先说说为人。这样的缓慢都要称赞的话，就该早点出来。让不得不努力工作的蚂蚁“慢一点”或许要采取暴力，因为能随心所欲的劳动者根本就不存在。

是的，对于顾头不顾尾、每天精神萎靡地活在当下的人群而言，“缓慢悠闲”也许只是存在于书本上的奢侈品。但是，这里所说的缓慢生活并不是快速生活的替代方案，而是指“快”和“慢”之间的完美调节。

比尔·盖茨在他的《未来时速》中将21世纪定义为速度的时代，主张电子世界的高速度是生存的武器。

可是，郑振鸿博士在《于人文中见经营》一书中这样说：

> 这样急着加快速度，其实另有原因，即为了确保“缓慢”。在这种“缓慢”中，开启五感，追求更高层次的价值。想象别人不敢想象的，这样才能决出真正的胜负。但这种“缓慢”的高速度，并不是真正的高速度，只是急躁的脚步而已。

这就是说，我们不去步行，不去坐公共汽车，而代之以乘坐高铁或飞机，并不是单纯地为了“快”，而是为了悠游自在地度过这之外的时间。

“慢”就意味着“悠闲”，是为了拥有闲暇而快的概念。明白“慢”，更明确“快”的意义，两者的融合才能创造富裕的未来。

大家看过电视纪录片史上最早挑战收视率40%的片子《亚马逊的眼泪》（*Tears of Amazon*）吗？在播放中唯一抓住人心的是至今为止还未和现代文明接触的，仍旧以土著部落形式生活的召耶族的故事。对他们而言，时间的概念只意味着太阳落下又升起。仅仅是到时间了觉得肚子饥饿，能吃的东西又全没了，那就出去寻找食物。虽然节奏缓慢，但他们有他们自己的原则。养大的宠物只是抓来但不会吃掉，只守住该有的，没有别的欲望，这就是他们生活的全部。从容的缓慢使他们尽管没有沐浴现代文明的惠泽，但也并不是不幸的种族。

人们说因为太忙而不得不加快速度。他们相信所有的事情应该快些处理，事情就会解决。可是，快点处理并不能减少忙碌。因为并不是事情多，而是心情忙乱。解决了一件事，就为找到下一件事而彷徨。没事做就会心情忐忑不安。无论怎么快，也不得不持续忙碌的状态。

日本漫画《棋魂》的作者崛田由美将人们的忙碌生活用一句话来表达：“带有忙碌意义的‘忘’其实是失去心情的忙碌。”

就是说，忙碌的意思是丢掉心情或迷失心绪的状态。

当我们不想和某人见面的时候，常常用“很忙”当借口，一句话给顶了回去。其实并不是忙，而是不想和那个人见面。

汉阳大学孙大炫教授将结束的那一刻用英语称之为“**deadline**”，意思是："被最终一刻所驱使而做事意味着正承受着莫大压力，死亡倒是一种幸福的解脱。"

生活在这仅仅以速度为慰藉的世界上，人们都被时间所驱使。这样活着，不会产生负罪感。这样度过一关又一关的时候，以所谓的"成就感"来自我安慰，并在下个期限之前找到前进方向。

印第安人骑马而行，过一会儿就会从马上下来，观察片刻，再上马骑行。并不是马筋疲力尽需要休息，也不是人想休息，而是因为，他们认为，特别快速的骑行恐怕会丢失灵魂，所以要停下等着自己的灵魂跟上来。这岂不是和只顾忙碌的生活，连照顾灵魂的空隙都没有的我们的状态截然相反吗？

不妨将法国哲学家皮埃尔·桑《慢慢生活的意义》的一部分用文字做个介绍：

> 缓慢，它自身并没有价值。它只是让我们从各种不必要的计划中避免精神受到这样或那样的骚扰，能够体面地生活。

最终，忙碌并不是一切。我们现在有必要慢下来了。

二

有的人很年轻，却苍老；有的人很年老，却有青春。

——犹太法典

第27封信

不管怎样，读读书吧，是书造就了你

先说个故事吧，我20多岁的时候，离书籍非常远。虽然听起来像借口，但事实上我真的没时间看书。

从年轻时候起，我就被各种事务缠身，读书的时间是一丁点都没有。每当发牢骚的时候，就好像用一吨重的大锤子砸后脑勺一样，受到巨大冲击。

偶然间，看到了具本兴老师的《和习惯的事情诀别》。对我影响最大的一段话是：

> 我为了自己的愿望，一向没能把每天的时间活用起来。只是零星地、即兴地，没能有连续。好像是浪费，虽然自由，但时间过去，我无论怎么成熟，还是做不到。找不到看这个世界的明确方法，一件事也做不好。只好以别人的眼光看世界，从别人的生活中找到自己的生活。我不能从自己身上得到尊重。

书中还有一段话，给了我很大的启发：

> 不是别人的标准，而是自己有某种深切愿望的话，一定要每天拿出两个小时时间，为了那个愿望，而去利用这两个小时。无论何时，为了这欲望能蠢蠢欲动，每天关照着，带着把时间用在那件事的自己的这个秘密和幸福感。这也是给自己的愿望和才能的一种投资，而不是别人的愿望和才能。

一天24个小时中有22个小时是为了生活而活，剩余的2个小时是彻底地为自己而投资，这样的话语对我而言，像带来激愤那样扣人心弦。我要认真思考一下，对我来说，真的没有时间读书吗？此后，我渐渐地靠近读书，进入30岁，“阅读的乐趣”已成为生活中不可或缺的乐趣。经常读书、大量读书，这样的话语，强调数百遍也不够。这是事实。

我想，可能小时候从学校老师或父母亲那里听到的真的很腻烦的话中，有一句就是“多看书”。甚至在长大成人以至工作后，对读书的强调依然没有消失。在这种情况下，反而对“看书吧”这样的话产生了逆反心理，对书籍格外排斥。

2008年，以906名上班族为对象做了一次“上班族读书状况”的调查，结果显示，以一个月为基准，平均读书量的相关问题回答“几乎不读”的占27.8%，“一本”的回答者占33.8%。即十人中有六人一个月最多读一本书。读书的人是如此之少，在此我要对书籍多说几句。

《我根据读过的来创造》一书的作者李希硕对书籍是这样定义的：

> 你现在正烦恼的所有问题都是我们人类的先祖们所烦恼过的问题。他们中间有那种曾深深烦恼，故为之研究并找到了卓越的解决方法的杰出人士，他们将自己的烦恼和重要难题以及对此的解决方法整理成书，给我们留下了宝贵遗产。

书籍，以低廉的费用，将某一领域的专家的经验和教训、技术诀窍和知识等整合为一个整体，成为能被人所消化吸收的途径。不知是谁说过：

有一万元，如果去买衣服，可以提升使用价值；如果去买书来读，则能提升自己的存在价值。

尤其是年轻时候读的书，会在今后的人生面临危机时，成为找到解决之策的优秀保护层。

但是如果首先不能明确读书的理由，那么无论看多火的畅销书都不能感受到乐趣。应该想明白，到底是单纯地想看书，还是抱着某种目的，以读书作为手段。我认为，接近书籍有如下四个理由：

第一，通过读书，可以提高自身的洞察力。通过读书，对身边的各种事物拓宽视野，并借此对自己进行自我反思。最近，很多人都热切盼望变化。但是如果对自己没有正确认识，就谈不上什么变化。真正的变化是“无愧于自己”，认识自己并无愧于自己。由此，才能认识到自己真正想要的是什么。以此为契机，对某种事情产生使命感，对平常不能做的事情得到间接经验。

第二，读书很多的人善于辩论。我们的生活最终是由人与人之间的沟通而实现的。于是，拥有使对方折服的谈话技巧和口才往往会成为交流的关键。而且，在协商与说服的时候，书籍的威力往往也会呈现出来。穿透人心，将自己所要的毫无冲突地完美表达出来，也体现了书籍的力量。所以说，读书并不是单纯的个人行为，而是和人与人的沟通交流有着直接关系。

第三，书籍是最佳的人生导师。就像去海外旅行时，首先要做的就是买一本旅行指南一样，在人生的旅途中，书籍就起到了使人不徘徊迷途，怀着喜爱之情观察各方的作用。特别是对20多岁的年轻人来说，如果因为自身前途和适应能力而苦恼和痛苦，书籍则可以在前进之路上起到给予启迪的作用。最近，你如果搜索Naver（韩国门户网站——译者注）的话，一个展现名人书房场景的，名为“知识人的书房”的连载刊物会呈现在你面前。它不仅仅局限于教授、学者，还包括了著名的演员、漫画家、电影导演等，意在说明是这些书造就了他们的今天。若是对该从什么书开始看起感到毫无头绪的话，不妨先从自己心目中的偶像所推荐的书开始阅读，或许会感到有兴趣。

第四，通过读书，可以积累作为专家的素养。在《像希拉里那样做事，像赖斯那样成功》的书里，引用了下面这段话：

> 在两年内，如果读遍某一领域的书的话，就能成为该领域的专家。

这就是说，坚持不懈地读某一领域内的20本以上的书籍，就能对这一领域达到精通的水准。《书与世界》一书的作者姜有元博士认为，通过读书，可以了解自己未知的事实，还能引发对知识提出问题。

“一切答案不都在书里。书里还有问题。作为学习问题的方法之一，我们需要读书。”

与此相关联，中国宋代的诗人、政治家王安石曾作过一篇《劝学文》，现在我们不妨再品味一番，摘录如下：

读书不破费，

读书万倍利。

书显官人才，

书添君子智。

有即起书楼，

无即置书柜。

读书还需要什么特别的理由吗？只要毫无负担，有时间的时候，打开书卷来读就可以了。但是，不读书或者少读书的话，也没有必要有压力，更不必有罪恶感。感兴趣的书，拿来打开读一读；完全没有兴趣的书，暂时放在一边以后再说也是可以的。

书籍，是人生的伙伴，而不是人生的导师。

二

书中存放着所有过去的灵魂。

——［英］托马斯·卡莱尔

第28封信

懂得艺术的人，有享受人生的权利

从2002年起，韩国的世界杯“红魔”拉拉队受到了全世界的瞩目。尽管曾涉嫌为总统选举拉票，“红魔”拉拉队的活动被告停，但它们依然岿然不动，冲向浴血般的首尔广场，大声呼号，喊声震耳欲聋。

韩国人每到世界杯的时候，就会莫名地兴奋。胸中、心中，会涌起一种类似爱国心的痒痒的情感。平时对足球根本不关心的人，到了世界杯的时候，也会三三两两聚在一起，坐下来看世界杯比赛，放松心情。

如今，对韩国人来说，世界杯已经成为了一种超越文化的大庆典。根据一家广告公司的调查分析：

> 2002年韩日世界杯的“悲壮”气氛，到2006年德国世界杯时，转化为“欢快”气氛，而到了2010年南非世界杯则树立了“庆典”的概念。

这样一来，可以说世界杯对全体韩国人来说，就像是一杯清凉饮料。放下日常生活中的压力，只是单纯地为球员将球踢进球门而加油再加油。胜负如何的这种“焦虑又操心”的乐趣非同一般，甚至只是喊出“大韩民国”这个词就觉得心情爽快。这种感觉，连坐过山车那种极度的兴奋感都无法比较。世界杯一结束，人们就热衷于探讨四年后有什么趣事。是的，人们无法忘记这种“焦虑又操心”的乐趣。

狂热于这种乐趣的人们，再次回到日常生活中，渐渐习惯了原来单纯枯燥的生活。为了弥补这种消失了的乐趣的文化生活，充其量只能是在家里看电视。

可是，年轻人们，希望你们以后能去寻找那种比电视给予的乐趣多几倍的放松心情的事情。仔细想想在哪儿能找到吧，只是去一次演出现场是不够的。事实上，韩国是一个每天都有让人心中充满超越世界杯的那种感动的公益演出的国家。

不奢求一周看一次演出，哪怕是一个月一次，甚至两个月一次都好。希望在你们年轻的时候，许许多多的优秀文化艺术品能将你们的生活品位提升百倍甚至千倍。

韩国的演出市场每年的收入高达3000亿韩元。如同庞大的躯干一般，演出的质量也发展到超越想象的程度。高度发展的尖端技术与艺术相融合，使韩国的演出丝毫不比国外的逊色。

但是，这样日益出色的演出需要多方面的准备，因此准备演出的人员决不能是寥寥几人。每年创作出的作品，大部分因为连一般的制作费都募集不到，而不得不放弃。这样看来，每年演出市场收入高达3000亿韩元规模这样的话，不知有何根据。

最近，一家求职招聘网站以20多岁的大学生、上班族为对象，做了一个以“文化生活参与机会”为主题的设问调查，结果显示，约有71.4%的人月平均观演次数为“几乎没有”，仅有16.5的人回答“1次”。再问到一年里面看演出的次数这个问题时，年平均“1—5次”的回答者占67.4%，比例最大。即可以得出结论，如今20多岁的年轻人除了少数人外，大部分不习惯于看演出或者对演出漠不关心。

一边是演出策划感叹说：“韩国的演出市场日益扩大，但来看公演的人却好像渐渐减少了。”一边是观众这样说：“韩国的电视节目非常有趣，演出市场无法扩大。”

这话是有道理的。这是去年去德国时候的事情。留在宾馆里，打开电视一看，全都是清一色谈话、讨论这类节目。好像所有的频道都是韩国的“100分钟讨论”这档节目。问当地生活的学弟，回答也是差不多。德国的电视节目非常无趣，因此人们大部分都走出去观看演出。大大小小的音乐会、演奏会，每天都有。因此，不能不形成发达的演出文化氛围。

一方面，在韩国，比起演出，电脑和电视更占优势。每天“5小时以上”对着电脑屏幕的韩国成年人高达61%，另有48.9%的人回答说每天观看电视机的时间为“1—3小时”，有14.3%的人甚至高达“3—5小时”。这意味着韩国成年人中的60%以上每天超过1小时是坐在电视机前打发时间的。

尽管如此，我们不得不承认，韩国电视节目确实是非常有趣的。一天比一天刺激、华丽，让人看一眼就舍不得移开眼睛。人们不用外出，就可以很好地打发时间。

但是，对于沉浸在电视中的人们而言，这并不是一种高品质的生活。在天天待在家里看电视的人身上，是不可能看出什么高级、高雅的价值取向的。

说起文化生活，并不是只指那些门票价格超过10万韩元（约60元人民币）的昂贵的音乐会。带着关切之情观察周边，以电影票的价格也能享受观看的演出不在少数。

只要有了意志，费用就不成问题。某个非常喜欢音乐会的我的弟子，在桌子上放了三个小猪储蓄罐，每天往里面放500韩元（约合人民币3元）的硬币。等到储蓄罐都存满了，就毫不犹豫地取出来，直奔演出地点。因为存的这些钱，是无条件地只为了看演出而存的，这是原则。

英国慈善机构“艺术与高高”的主管科林·特维迪说：

“现在的问题不是面包上面抹的果酱，而是面包本身。”

人类在感受到幸福，安慰疲惫的心情的时候，文化的作用就该体现出来。

古希腊的哲学家柏拉图曾说：

“音乐是为了放松，但它的目的在于精神的成熟。”

他的弟子亚里士多德也说过：

“艺术来源于休息和游戏中的快乐。”

有句话说：“世界并不是拥有者的，而是感受者的。”比起拥有世界上的一切，创造感受每天倾洒的文化作品的机会，这种生活更鲜活。因为若没有了文化生活，感情状态也就像干涸的土地一样陷入干旱。

20岁的年轻人应该勤奋努力，坚持去看好的演出、音乐会、展览会等，没必要说不了解而远离这些。走路的时候，路对面的建筑物的墙上有绘画的话，就将视线停留片刻，心情也会舒畅；地铁里，很常见的业余演奏者在表演，试着将目光追随他们。艺术就来源于这些感觉。

年轻时不多接触些艺术演出，就无法完全了解这个世界。我已去世的父母亲在生前第一次去看演出或音乐会时，会困意连连或者坐立不安，原因就在于此。

因此，从20岁起，就应该熟悉这些文化艺术语言。要想体会文化艺术品各自带有的特别的独一无二的乐趣，除了多看、多感受之外，别无他法。试着想想吧，你的子孙后代会因为享受表演艺术、美术、音乐而特别感激你的。这才是真正的美好的生活之路，不是吗？

以后周末的时候，关上电视，和家人、恋人一起，甚至也可以自己一个人，去公演场所或者展览场所吧。如果真的费用有问题也不要担心，最近的优惠打折活动很多，即使看不了特别正式的，也可以去艺术学院，那里有很多机会可以免费看到学生的作品展。

年轻时候充分感受文化生活，天长日久，会成为一笔财富。想象一下，打算去看德国柏林交响乐团管弦乐团来韩演出的你，是在座位上打盹儿睡觉好呢？还是全身心投入热烈鼓掌好呢？

选择权交给你。现在开始找一个好的文化活动去投入吧，因为艺术会使你的生活更美好。

〓

年轻人经常毫无理由地大笑，而这是他们所具有的最富有魅力的一面。

——［英］奥斯卡·王尔德

第29封信

从内心享受写作的痛快吧

最近，很多热衷于写书潮流的人都喜欢用“写书综合征”一词，来显示其写作程度之深。经过了web2.0时代，正处于web3.0时代的我们，已经渐渐地习惯了在有成千上万读者等待的网络论坛上写下自己的文字，表达自己的心情。

通过博客迅速积累的大量人气，来让出版社出版自己的书的传奇人物的故事越来越多地涌现出来。有平凡的主妇生活中，将差点忽略的简单生活中的一分一厘的花费都在博客里记录下来，然后编书出版的；有现役军人为了将要入伍的人，将部队生活日程刊印成书的；有做了一辈子工作，将自己熟练掌握的专业技巧公开而成书出版的；有将国内外旅行的照片结集出版的；有以给孩子拍照为乐趣的孩子父亲将自己拍的照片出版，还成为畅销书的。这些是源于兴趣爱好，最终得以出版的事例。还有从事股票证券及拍卖等职业赚取巨额收入的人，将其自身的英雄故事编辑成书的，有开肉店成功的人将其成功秘诀写成书出版的。

曾经只有专家和天生有写作才能的人所拥有的出版特权，如今已经变为了所有人都可涉及的自由领域，一个普通人写的书占领书店的时代到来了。

有个词叫“十年法则”。韩国的孔炳浩博士在其《打造精英人生的十大法则》一书中做了一些介绍，即在一个领域最少要做十年的集中探索研究并进行实践的人，才能称得上是该领域的专家，也就是说能对该领域的创新性问题具有解决能力。

暂且将所谓“十年法则”放在一边不谈。不管是谁，如果能沉浸在某一领域，投入十年的时间和精力，任何人都会为其意志与敬业而感叹。这不仅仅局限于学术或艺术领域，也可以适用于我们生活的平凡世界中常常出现的许多事情。

最近看到电视上有个节目叫《生活达人》，顾名思义，尽管介绍的都是周围很容易看到的人，可是见过他们的工作状态的话，不得不称他们为“达人”。就像一般节目里出现的人经过少则三四年、多则数十年熟练掌握一样，他们在本领域也可以说是专家了。直到电视节目播放的前一刻，他们还不过是平凡的劳动者，已经向社会公开，他们的存在立刻得到社会的尊重，他们自己也变成了成功人士。

没有十年、二十年的经验也可以。想要在某一领域达到比所有人都精通，对该领域有发言权的话，那就从现在开始在电脑前坐下来，开始写作吧。将心里所想的写出来就行了。

首次做的事情会有些吃力。写作这件事，在有灵感的那一瞬间好像被一种微妙的魔力所包围。这个瞬间，不能倒流。也没有必要为了显示是专家而特意写得深奥难懂，只要方便地、有趣地写下去就可以了，之后再适当地设计一下自己所经历过的事情就行。

《创新的艺术》的作者汤姆·凯利一边说“设计你的体验”，一边认为对于不那么特别的事物做个设计，能产生看上去很有魅惑的效果。

开始写作后，读书量也会自然而然地增加，因为要把关注的书都在眼前过一遍，这就是阅读、做笔记、再阅读的一个过程。

最近，全世界数千万青少年都为之着迷的小说《暮光之城》（*Twilight*），它的作者是美国女作家斯蒂芬妮·梅尔（Stephenie Meyer），在写作此书之前还只是一个平凡的家庭主妇。从没受过正式文学教育的她，在2003年的某一天做了一个梦，梦中的人类少女和吸血鬼少年坠入爱河。梦醒之后，她立刻坐到书桌边，开始了小说写作。仅用了三个月的时间，就完成了《暮色》。她立即和出版社签订合同，约定出版三部系列小说，并拿到了75万美元的稿酬，最终成为风靡全球的电影原作小说家。《暮色》和之后的《新月》、《月食》、《破晓》并称为“暮光四部曲”，凭此斯蒂芬妮·梅尔名列2008年度MSN爱情故事中最有影响力的12名女性之一。尽管她说“从来没想到自己的书如此被喜爱”，但她的书已被全世界誉为《哈利·波特》第二，这是毋庸置疑的事实。如此看来，写作出书在世界上并不是游手好闲、不务正业。

“如此，拥有了出书的喜悦之后，有什么变化呢？”

第一，再次成为一个领域的专家。出版某一领域的书，证明了对该领域已有的专业知识和技能已经具备。这样一来，一般人会把书的作者看成和这一领域的权威专家一样。即使是普通的菜店老板，出了有关做菜的书，也不会再被当成菜店老板看待。所以，只是作为写作出版的理由，就有可能成为名人，开演讲会、出演电视节目等，让人们很容易地认出自己。所以说，写书的另一特点就像是又拿了一个学位。《郑载胜科学演唱会》的作者郑载胜教授就是在自己的专业领域出版书籍后，影响扩大，后来成为了客座教授，甚至入选了中学教科书。

第二，可以步入老年或者另寻职业。写作与年龄无关，只要有纸和笔或者一台电脑就可以进入工作状态了。明白了写作的魅力，可以想想要不要成为专职作家。一般和出版社签约了，图书在出版和出售后，要付给作者版税。一般的版税税率在最高70%到最低10%之间。《学习技巧》一书的作者曹胜渊在23岁时出版了图书，卖了30多万册。每本书的版税是1000韩元（约合55元人民币），总计得到3亿韩元的版税。写书出版这件事和年龄无关。写作的人年龄越大，书中的内容越深奥。对于写作，专门知识也不是非有不可。谁知道呢？写出《暮光之城》这样的书，成为世纪畅销书作家也不一定。

若有什么独特的了不起的主题，即使在学术上不是卓越超群也没关系。将至今为止在生活中体会到的或是在生活中体验过的，自然地成为自我的法则的东西，把它写出来，分享给世界，这样的职业也是有相当深远的意义的。

我的书里面写的，是多么精彩！

《边工作，边写作》的作者卓正言、全美玉在书里面建议首先不要对写作犹犹豫豫。

> 如果一次都没想过自己会有自己的书这样的梦想，连有没有都没有考虑过，那么，请从现在开始拥有梦想吧。不一定是要做成畅销书，原本在多如牛毛的针对大众的书里，写出一本吸引人眼球的书是很难的事。但是，自己心里要有想用文字表达的故事，用能和世人沟通的语言加工表述出来，如果没有一点儿这种能力，那还是放弃吧。

我第一次有写书的决心，是在做事业做了大概十年的时候。一般做一件事做了十年时间，已经有勇气说自己可以进入专家之列了。回过头来看过去十年的教育事业生涯，同时策划写本对表演训练生们多少有些帮助的书，书稿一泻千里地完成了。历时三个月，完成初稿。问题随之也产生了。

作为演员所付出的代价就是，几乎没有人写有关演戏的书能流畅地出版，因为很难找到出版社。我把原稿和出版计划书寄给认识的出版社编辑，得到的答复是不能出版。我的书稿先后被五十余家出版社拒绝，但是，我并没有放弃。我不断地修改原稿，不断地找寻不管大小的出版社，并不停地提交出版计划书。

终于有一天，某家出版社来电话了，电话里说试着出版吧。那个瞬间，我感到前所未有的幸福。那是我人生的第一本书要出版的日子。

我现在正在构思第四本书。有考虑读者意见要求的余力，并有机会写作的话，以后计划每年写一部书。这是因为，刚开始写作的时候是感到困难，写着写着变成痛并快乐着，最后就是再多写也不会懒惰了。

=

青春，所有一切都是实验。

——［英］罗伯特·路易斯·史蒂文森

第30封信

比起往口袋里装一英镑，拥有一位朋友更珍贵

俗语说："近朱者赤，近墨者黑。"随着周围环境与事物的不同，人的人格也会有所不同。这句话虽然有些绝对，但的确值得深思。

父母们经常说："交朋友要当心啊。"意思是说在学生时代，和学习程度有较大差距的人走得近的话，恐怕会被带坏了。但仔细琢磨一下这句话，它的意义又不局限于此。

国际知名演说家金克拉也曾说：

> 父母们总是为坏孩子们打成一片而焦虑不已，但孩子们后来才认识到这是人生的真理。

我们把许多人分为"自己人"或"外人"而选择或交往或疏远。按学生时代一个人一般一年会认识40多名新朋友来计算，从小学开始到大学毕业，大概会结识600多名"同班同学"。但这又如何呢？这个庞大的数字之所以命名为"同班同学"，是因为有谁能把他们一个个的名字都记住呢？

人的一生，在校园、校外活动里，男生在军营，成人后在职场，以及通过网络，会结识大量的人。这些结识的人，会随着时间的流逝，因为各自的成长、兴趣、家庭环境、外貌、血型、居住地和政治立场等不同，经过过滤，彼此间会越来越疏远。大概经过这样的过滤，能平生保持交往的朋友只有有限的几个。

在人生的每个瞬间，亲密朋友所带来的影响是潜移默化的。

首屈一指的国际成功人士比尔·盖茨也是由于有了朋友保罗·艾伦

才有今日。在西雅图的私立学校湖滨中学就读时，进行计算机社团活动的保罗·艾伦成了把比尔·盖茨拉进计算机世界的引路人。有一天，保罗·艾伦走在路上，被报纸张贴栏里的一本名为《大众电子》的杂志封面所吸引，看到上面的标题“革命性的新型微型计算机”和MITS的个人计算机“牵牛星8800”后，他眼睛一亮，对比尔·盖茨说：“比尔，制造计算机程序的时代终于来了。将来，一定会迎来计算机时代。”于是，比尔和保罗两人筹资1600美元，租用了西雅图一间阴暗的公寓，开始开发计算机程序，那家公司就是今天的微软。

我现在把我生活里的一位朋友也介绍给大家吧。他就是我在参加演戏社团时结识的学弟李升真。在和我相同的大学进修表演专业后，如今的他在首尔江南区附近的一家名为“I have a dream”的西餐厅担任经理。可是他没有抛弃曾经的梦想。在他的餐厅里，每晚都举行戏剧、音乐剧、爵士等各种公演。

他是无论何时都“have a dream”的为数不多的朋友之一。他和我之间的特殊关系缘于在表演伍迪·艾伦（Woody Allen）的作品《呆头鹅》（*Play It Again, Sam*）时，我们同时饰演了亨弗莱·鲍嘉这一角色。在扮演同一角色时，我们有相似的苦恼，这拉近了我们之间的关系。

之后，我去参军，在休假的时候见过这个学弟，那时候听到一个让人兴奋的消息。他从前一年就读的学校退学，再次挑战高考，进入了号称首尔一带最有名的戏剧学院。他对我这样说：

学长，你退伍的话也一定要挑战试试。我都可以，你一定没问题的。我一定会帮你的，学长一定要试试啊。那样我们就能又站在同一个舞台上演出了，多好啊！

他的话触动了我的心。我说："好啊，一定在舞台上再见。"我退伍之后，虽然在以前就读的学校复学，但仅过了一个学期就退学了。因为别无选择，所以毫不犹豫。如同背水一战，破釜沉舟。尽管这之后开始的备考很辛苦，但一想到那个学弟的话，就忍受下来了。

终于，我考上了戏剧学院，那个学弟又成了我的学长，这次又是配合默契。有了那个学弟，才有今天的我。

偶然邂逅，却成为必然的命运的缘分，除此之外还有很多。

一个贵族子弟学游泳，不料跌入湖中，在水里艰难挣扎。听到他的叫声的农夫之子把他救了上来。以此为契机，贵族子弟与救了他生命的农家子弟成了朋友。两个人互相信件往来，友情逐渐加深。

有一次，13岁的农家少年问贵族家的公子："你长大想做什么？我想做医生。可是我家穷，有九个兄弟姐妹，要帮着做家务，虽然二哥在伦敦做眼科医生，但我要交的学费还不够。"

贵族的儿子一心想帮助农家少年，就求自己的父亲带他去伦敦。结果，农家少年进入了伦敦的医学院就读，之后研究葡萄糖球菌，研制出名为"盘尼西林"的堪称奇迹的药物。这个人就是1945年诺贝尔医学奖的获得者——亚历山大·弗莱明。

帮助他的贵族少年显示出政治家的才能，年仅25岁就成为国会议员。但是这个年轻的政治家在二战中，在非洲指挥盟军作战时，患上急性肺炎，生命危在旦夕。弗莱明立刻驾驶飞机前往非洲，用自己制造的盘尼西林救了他的命。这个两次被农家少年所救的贵族子弟，最终赢得了二战的胜利，他就是捍卫了民族独立的英国首相——温斯顿·丘吉尔。直到现在，弗莱明和丘吉尔的故事还启迪着人与人之间的关系交往。

世界华人首富李嘉诚也曾说：

人生最大的机会就是得遇贵人，就是编织我们的人脉。长途旅行中帮着提行李的人、下雨时帮着打伞的人、在即将成功时最后来推你一把的那个人……贵人就是这种存在。

在成功的人生中，最重要的是自身的努力。在我的人生中，不断影响我、改变我的想法的人，不是别人，而是我身边的人。

中国的传统文化学者昌华在他的《改变一生的最好的见面》一书中说：

谁都想遇见贵人，但是要说贵人确切在何地出现，谁都不知道。可是事实上，在人生中，贵人无处不在。过一会儿，注意一下周围吧。或许周围不起眼的人群中，就有你的贵人。

这说明了人生的贵人不在别处，就在你的身边。

前不久，卡耐基梅隆大学人际关系研究所将在社会生活、家庭生活、职场生活等涉及所有方面在内，经历过失败的一万名对象以“你为什么失败”为题做了一次问卷调查，结果令人震惊。回答“专业知识不足”的人仅占7%，而回答“人际关系处理失败”的人比率高达93%。

生活中，人和人的关系，即意味着对他人的照顾和关心比起任何事都重要。

因此，最近社会关注于“人是成功的要素”，而且还掀起了人与人之间的交往热潮。无数的职场人士、学生等在寻找“为了成功的人脉”，比起仅仅在周围寻找，更多的人采取主动，扩大了自己的交往范围。但是大部分的年轻人，开始试图积累人脉，接着灰溜溜半途而废，这已成为家常便饭。

原因是什么呢?

一般而言，说“积累人脉”、“创造人脉”这种话，是含有想通过人脉以改变人生命运的期待心理。但是实际上，抱着开拓人脉目的而结识的人，比起给予你什么，大部分人更在乎能在你身上得到什么，因此会让人大失所望。

吕炳益在《人脉管理经营》中也强调说：

人际关系中最重要的是，要有首先向他人奉献的心态。

金升勇在他的《人脉经营》中也说：

> 人际关系并不是做生意。计算着利害关系来积累人脉是不行的。人际关系是一种把内心珍藏的真话通过心灵传递的互动。因此，你首先要具备奉献的态度。

但是以把自己拥有的首先奉献出去的心态来积累人脉，无论对谁而言，都是一种挑战。

人脉并不是以相互间的物质交换而形成的。相互结识，萌发出情感上的感应交流，这才能积累真正的人脉。

如果不先想着“我能给别人奉献什么”、“我能把自己拥有的什么毫不吝惜地和他人分享”，任何人都不能敞开心扉接纳你，你的人脉也将残存无几。

人与人之间的关系不能绝对人为地制造。意思是说为了有关系而制造关系是不可以的。应该自自然然地，像鲜花盛开那样。和这样的人交往是幸福的，只是想到能一起分享幸福的活力，心里就会觉得满足。有机会的话，也会热情地给予回报。即使受到轻微伤害，也会在内心里最大限度地给予协调和帮助吧。如果这样的话，许多人就能在自己的人生中打造出成功的人际关系。

在20多岁的时候，能遇见和自己有相同想法、相同苦闷、相同境遇、相同梦想的人，简直可以说是奇迹。所谓“唇亡齿寒”，即是说一种没有对方就不行的关系。

你有几位“唇亡齿寒”的朋友吗，或者正在寻找呢？从现在开始，从你身边的人开始，全心全意地去寻觅吧！

=

青春的生活中，赋予幸福的本质性东西是友情的礼物。

——［英］威廉·奥斯勒

第31封信

人生就是一场盛宴，无悔地去享受吧

从2007年开始，我和妻子开始了一种名为“野营”的新的休闲生活。在山清水秀的地方扎下帐篷，放好遮挡炙热阳光的油布，在下面摆上桌子和休闲椅，看起来就像是外国电影里的野餐一样。

休闲野营文化在韩国扎根之前，说起野营，大部分韩国人会认为这是为了节省昂贵的住宿费而不得不露宿在外，处境令人可怜。但实际上，仅从一顶普通帐篷售价超百万韩元这一点看，野营是一种不容轻视的休闲方式。

在风景优美的春天或秋天，带上帐篷及其他野营物品，开车去加平或春川，这种心情只有去过的人才知道。在大自然中放松身体的同时，一边喝咖啡，一边看书，十分惬意。这虽然成为了剥夺把火腿或肉放在篝火上烧烤这一乐趣的理由，但是为了实现这种浪漫的野营，过程并不顺利。

一旦打算野营，需要准备的物品超出了想象。把包括帐篷、桌子、几把椅子在内的东西放进车里后，一般一辆七人座的汽车就满满当当的了，甚至副驾驶座上放东西或者把东西抱在手里乘车的情况也比比皆是。每到野营的时候，只从带的东西上来看，邻居们甚至会误以为我们在搬家。但是，痛苦才刚刚开始。休息日或假期好是好，可是去往野营地的道路因为车辆太多而堵塞不堪，几乎称得上人山人海。一两个小时能到，就是幸运的了。经过漫长等待，终于到达露营地时，往往已经累得快要全身散架。可是，现在露营才正式开始。

扎帐篷、铺油布大概需要两个小时。当然，野营高手只需半个小时就能做好，但大部分的普通人需要一个半小时才能完成。这些做下来，已经是全身大汗淋漓。即使是在凉爽的季节，比起一般挣钱的体力活，这也算是更辛苦的劳动。不止这些，虽然在外面吃的饭确实好吃，但要忍受很多不便之处，食物准备工作也比在家做着吃要麻烦十倍。如果在蚊虫多的地方，吃饭也是一项辛苦活。睡觉更是如此，还有比在家里的床上睡觉更舒服的吗？在凹凸不平的地上铺上垫子睡觉，在感受寂静的妙趣之前，先感觉到的是腰酸背痛，睡醒起来后又觉得屁股疼得像被人痛打了一顿。

每个月两三次地忍受这种痛苦的理由是什么？有人这样问。这时候，你就这样回答：扎帐篷、劈柴很有趣，还有即使只有一个小时的喝咖啡的时间。

长期在职场工作的人无论是谁都有梦想的生活。即在职场上，年龄一到就退休，然后悠然自在，做内心想做的事，那才是悠闲的生活，所有人都为了这种生活而努力。抱着现在的痛苦能变为将来的幸福这一茫然的幻想，一天天辛苦地煎熬着。

但是，据某个调查机构对退休人员的设问调查，结果让人大跌眼镜。超过52%的人在退休后三个月开始希望再入职场。也就是说，“不工作的话就把这时间用在休闲上”这种想法连三个月都持续不了。

为了度过退休或离职后突然增多的个人时间，需要做一些事情或活动来填充。因为即使饱受辛苦的身心需要好好休息，三个月过后也会开始腻烦。我在休息的时候，比起在家看电视这种游手好闲的活动，宁可投入在干活累得要命的野营上。

大部分人如果有什么都不做、自由自在的时间的话，会误以为这是一种幸福。但是，看看曾经我们用这大把的时间去做什么了。这源于我们接受的“不工作、只玩乐是不好的，谁也不能这么做”的教育。

因此，我们把工作的反义词说成休闲。即，把休闲定义为什么都不做。什么事都不做的话，大部分人几个月都无法忍受，变得没有活力，得忧郁症的概率大增。

所以，我劝大家，从年轻时候起就多多创造能填补休闲时光的活动。这里的活动应该是自己真正喜欢做的事。意思是不会因为这些事感到有压力或者因为收入感到愤愤不平。大概我们可以把这种活动称之为兴趣爱好。

如果问你的兴趣爱好是什么，你能马上回答吗？这样的兴趣有几个呢？羁绊我生活的是，不担心温饱的话，一生只要有了这个，就能生活的事情有吗？一般人的话，可能会犹豫地说“读书……”，乃至“音乐鉴赏……”等。真的在工作之余的时间，只读书或者只听音乐就足够了？我很好奇。

据说以相对论闻名的物理学家阿尔伯特·爱因斯坦平生热衷于小提琴演奏。实际上，在1934年为了帮助流亡的德国科学家，他展示了足以举办宴会的出色的小提琴演奏水平。因为他的演奏实力，还发生了一件搞笑的趣事。在正式场合，比起礼节性的问候，爱因斯坦常代之以一段优美的小提琴演奏。有一次，他受一所乡村大学的邀请参加物理学研讨会，会后参加了欢迎宴会，这次爱因斯坦也以一段小提琴演奏代为致礼。但是第二天，乡村报纸就刊登了记者采写的以“爱因斯坦演奏会盛况”为题的报道。还称爱因斯坦是著名的小提琴演奏家，同时也是物理学和数理学领域的权威人物。这是因为乡村报纸的记者对爱因斯坦不了解的缘故。但爱因斯坦看了这篇令人哭笑不得的错误报道后，反而心情愉悦，还向朋友们炫耀这篇报道。

《我人生的转折点》一书的作者金光洙也说：

> 退休以后最快乐幸福的瞬间就是“把想做的事实现”。这期间以将未完成的梦想和曾想过的休闲生活实现为起点，无悔地把人生的黄昏期过成黄金期。拥有这个黄金期的最有利保证就是“现在准备和投资的时间”。

他一边这么说，一边信守承诺，一生在想做的事情上不懈追求。

一般认为，“余生”指的是60岁以上的人使用的词汇，但是也有二三十岁的年轻人口口声声说余生。朝鲜时代人的平均寿命不超过50岁，而今天人的平均寿命已达80岁，以此来算，以后或许还有20年、30年的生命。几乎没有人想在余生一直工作直至终老。但是，不工作也应该准备给自己的休闲活动打基础。即，应在找到自己真正想做的事情上下一些功夫了。当然，这世上几乎没有人能一边做着非常有趣的、几乎和爱好相同的工作，一边赚钱生活。但是，人一旦被金钱羁绊，欲望就会上升，有超出必要限度的额外追求。无论怎么有趣的事，一旦成为生计，就不得不承受压力。

人们把一生中感受的情感的心理价值大致区分成喜、怒、哀、乐四种。其中，喜和乐是人幸福的根源和生活的原动力。人生中若没有了喜和乐，只剩下痛苦与艰辛，那无疑将是灰暗的人生。这就是我们找到兴趣后要投入热衷的理由。青春时节，应该是不把抓住机会、兴趣来玩乐的时间当成是无用的。因为在这个时节，是为了要把人生过得像一场盛宴一样而做的热身运动。

我在不久前得到一笔钱，购入了一台野营车。因为每次去野营的时候，都要带相当多的物品，买车是为了减少搬运的辛苦。我现在无论何时都能很方便地出发了，以后的野营将不会再像避难一样狼狈了。

应该过怎样的生活呢？是苦恼于“怎样做才能更快乐”来生活，还是在只投身工作时像上了发条的闹钟一样过呢？

一切取决于你的选择。

=

当你哭泣的时候，你不能看见你所要做的。

——［英］威廉·布莱克

后 记

到这里为止，我和20多岁的年轻人一起分享了31个小故事。这些故事的重点是“为拥有火热青春而去追求、去挑战、去热爱”。尽管这本书自始至终不断出现“去玩吧”、“去休闲吧”、“去喜欢吧”、“悠闲地过日子”等文字，但我确信聪明的读者能从字里行间领会真正的要点。我所指的要点就是：比起其他，要在真正意义上享受“青春的幸福”。一个人，即使是拥有令人羡慕的财富与名誉，如果不能找到属于自己的幸福的定义，那这个人的人生也永远不可能是幸福的。

我们都期望自由、幸福和独立，这并不是说与父母分开住所得到的解放感或不被任何人左右的独立的、像大人一样的思想；也不是单纯的自由，即不是凭借力量得到的自由。我这里所说的自由与独立是出于“对我来讲什么是最珍贵的”这一问题的深刻反思。能确定这个问题的答案且能自己拥有青春的自由与幸福之时，才可以理直气壮地大声喊出青春的权利。

各位年轻人，读到本书的这里时，你有什么感受呢？如果内心受到震撼，成为自己人生中最强的催化剂，那么我就十分欣慰了。因为这就是我这写本书的目的。可是，你会觉得这本书有点无聊或者抱怨“在讲已经知道的内容”吗？如果是这样，你现在就应该马上离开座位，行动起来，因为现在就是必须行动的时候。之所以如此说，是因为你虽然已经明白我说过的道理，但却一直没有付诸行动。

人们通常是心里很明白道理，但却惧怕付诸行动。当然，做什么事都会面对挑战的兴奋和失败的恐惧。别人没有走过的路，如果自己第一个踏出脚步，会不会让人觉得很鲁莽？因此，我们会选择别人已经走过的安全的路。但是，这种行为方式，不会有助于得到青春的幸福，因为这只是在模仿99%的人已经做过的事情。

爱因斯坦通过“反复地做同一件事，却期待得到不同的结果，这无异于精神病”这句话，强调了挑战与实践的关系。但是，现在的你是不是将这种挑战与实践以“没时间”、“没钱”、“下个月再开始吧”的理由，一天天往后拖延呢？当然，这些理由都有可能成为不成立的借口。请大家好好回想一下，你是不是曾经一边说没时间，一边却在家看一整天电视？一边说没钱，一边却花不少钱和朋友在外面喝酒？看到这里的时候，如果你觉得心如刀割，那么不要担心，从现在开始实践就可以了。

希望大家去寻找、去做自己觉得十分有趣的事情。金钱和失败都是以后的问题。请不要用安逸的想法，自行选择不幸的结果。如果勇敢地去做的话，大家能从中得到“一种”很重要的东西，这会给你带来一生的自由与幸福。这可绝不是理想化的、虚构的故事。

各位，请不要低估自己的20岁青春而虚度光阴。很多20多岁的青年在认不清自己的“年轻”的同时，也不会充分运用时间。但是，现在不是应该改变吗？各位的人生应该拥有充分的自由与幸福。就像你们选择了这本书一样，相信你们也已经选择了青春的热情与幸福。

现在，真心祝愿你能站在世界的中心！